作って食べよう世界の料理

WORLD CUISINE FROM ASHIYA

認定NPO法人　芦屋市国際交流協会

風詠社

ごあいさつ

認定 NPO 法人 芦屋市国際交流協会
会長　戸田　敬二

　当協会の前身である「芦屋姉妹都市協会」は、芦屋市が 1961 年に全国でも 39 番目と早い時期にアメリカ合衆国カリフォルニア州モンテベロ市と姉妹都市提携を結んだことを契機に発足しました。

　「芦屋姉妹都市協会」は 1993 年に「国際文化住宅都市」にふさわしい団体として「芦屋市国際交流協会」となり事業内容を拡大してまいりました。2008 年には NPO 法人格を取得し、2019 年には兵庫県から県の国際交流協会として初めて、数少ない「認定 NPO 法人」の認定を受けました。

　姉妹都市協会から数えて 60 年を迎えるにあたり記念事業を検討して参りましたが、コロナ禍の中でもあり多くの皆様にお集まりいただく事業は困難と判断し、当協会の看板事業である「作って食べよう世界の料理」の 25 周年と合わせてレシピ本の発行をいたします。

　40 か国のレシピに加え、当協会が行っている各委員会の事業もご紹介する本にいたしました。モンテベロ市との 60 年以上の親密な国際交流関係により途切れることなく学生交換事業などを続けている「国際事業委員会」、1962 年に同好会として発足した「婦人英語教室」を最初の事業として以来、講演会、コンサート、ワールドフェスタなど、今や芦屋らしいとご評価を頂く多くの事業を手掛けている「国内事業委員会」、1995 年に市内にお住いの外国人向け日本語講座を始めてそれ以降、多文化共生事業、とくに最近では防災教育などに力を入れている「外国人支援委員会」です。

　60 年以上の長きにわたり「国際文化住宅都市」芦屋に貢献できましたのは、芦屋市そして多くの芦屋市民の皆様からご支援を頂き、また多くのボランティアの皆様に支えられてきたお蔭でございます。この場を借りて厚く御礼申し上げます。

60 周年記念レシピ本の出版に寄せて

芦屋市長　いとう　まい

　姉妹都市提携 60 周年を記念して制作されました「レシピ本」の発行、おめでとうございます。戸田会長をはじめ、関係各位のご尽力に深く敬意を表します。

　昭和 36 年にアメリカ・カリフォルニア州モンテベロ市と姉妹都市を提携してから 60 年が経過しました。これまでの間、芦屋市国際交流協会には姉妹都市交流事業として学生親善使節相互派遣事業や市民訪問団相互訪問事業をはじめとした様々な事業を通じて、本市の国際交流に寄与していただいております。学生親善使節相互派遣事業では、学生の受け入れから派遣までモンテベロ姉妹都市協会と協同しながら実施していただいた結果、相互派遣した学生は、令和 3 年度までに延べ 55 回、総勢 218 人に上ります。

　新型コロナウイルス感染症の感染拡大防止のため、これらの事業の実施が困難な状況にあるなかで、芦屋市国際交流協会が 25 年前にはじめられた「作って食べよう世界の料理」で作ってこられた料理の中から 40 か国のレシピを厳選し制作された「レシピ本」は、芦屋市民の皆さんに喜んでいただけると共に、レシピを通じて外国の文化に興味を持っていただけるものと思います。

　本市には、約 1,700 人、60 か国の外国人の方が住んでおられます。今後は、益々多文化が共生するまちづくりが強く求められるなか、「潮芦屋交流センター」を国際交流と地域コミュニティ活動の拠点として、外国人の方々の支援や社会参画の促進を進めて参ります。

　最後に、芦屋市国際交流協会の今後益々の御発展と皆様方の一層の御活躍、御健勝を心から御祈念申し上げます。

目 次 Contents

ヨーロッパ

アメリカ

アフリカ

パーティー料理

スープ編

デザート編

芦屋市国際交流協会の活動紹介

世界の料理レシピ各国

（国番号は本書のレシピページ）

ヨーロッパ

52 イギリス
53 ノルウェー
54 ラトビア
55 オランダ
56 ベルギー
57 ドイツ
58 イタリア
64 スイス
65 チェコ
66 オーストリア
67 ルーマニア
68 フランス
76 スペイン
78 ポルトガル
79 ロシア
80 ギリシャ

アフリカ

88 モロッコ
89 コートジボワール
90 エジプト

アジア

アメリカ

アジア編
Asia

お正月料理

材 料 作りやすい分量

黒豆　300g
＜A 煮汁＞
水 ・・・・・・・・・・・・・・・・・・・・・・・・・・ 2ℓ
グラニュー糖 ・・・・・・・・・・・・・・・・ 2カップ
しょうゆ ・・・・・・・・・・・・・・・・ 大さじ 2・1/2
重曹 ・・・・・・・・・・・・・・・・・・・・・ 小さじ 1/2

鉄玉（またはさび釘 10 本ほど）・・・・・・・・ 1個
金箔 ・・・・・・・・・・・・・・・・・・・・・・・・・ 少々

材 料 4人分

数の子 ・・・・・・・・・・・・・・・・・・・・・ 100g
塩 ・・・・・・・・・・・・・・・・・・・・・・・・・ 適量
＜漬け汁＞
だし汁 ・・・・・・・・・・・・・・・・・・・・ 300ml
みりん ・・・・・・・・・・・・・・・・・・・・ 100ml
酒 ・・・・・・・・・・・・・・・・・・・・・・・・ 50ml
砂糖 ・・・・・・・・・・・・・・・・・・・・・・ 25g
薄口しょうゆ ・・・・・・・・・・・・・・・・ 35ml
濃口しょうゆ ・・・・・・・・・・・・・・・・ 35ml
削り節 ・・・・・・・・・・・・・・・・・・・・・ 少々

正月 祝い肴五種

黒　豆

日本
Japan

作り方

❶大きめの鍋にAの煮汁の材料と鉄玉を入れて沸騰させ、洗った黒豆を入れて火を止め、フタをして一晩おく。

❷翌日、①のつけ汁ごと火にかけ、沸騰してきたら弱火にして上にキッチンペーパーをのせて、必ず豆が煮汁に浸かっている状態を保つため、途中でさし水をしながら柔らかくなるまで煮る。

❸器に盛り、上に金箔を飾る。

Memo　新しい一年を家族そろって「まめ（まじめ）」に働き、「まめ（健康）」に暮らせるようにと、無病息災の願いが込められている。さらに黒い色は「邪気を払い、災いを防ぐ」とも言われている。

正月 祝い肴五種

数の子

作り方

❶数の子は薄い塩水に入れ、一晩漬けて塩抜きをし、薄皮を取って洗い、水気をふき取る。

❷漬け汁のすべてを合わせて沸騰させ冷ます。

❸①の数の子を②の漬け汁半量に一晩漬け、その後、残りの漬け汁に浸しておく。

❹一口大に切った数の子を器に盛り、削り節を上に飾る。

Memo　数の子はニシンの卵で、二親（ニシン）から多くの子供が生まれることから、二親健在、子孫繁栄の縁起物として食べられてきた。江戸時代は値段も手ごろだったことから、貧富の差がなく同じものを食して祝うことを願った八代目将軍、徳川吉宗によって祝い肴の一つに加えられたと言われている。

材料 4〜6人分

ごまめ ・・・・・・・・・・・・・・・・・・・・・・・・・・・・・ 30g
クルミ ・・・・・・・・・・・・・・・・・・・・・・・・・・・・・ 30g
＜A調味料＞
黒砂糖 ・・・・・・・・・・・・・・・・・・・・・・・・・・・ 大さじ2
酒 ・・・・・・・・・・・・・・・・・・・・・・・・・・・・・・・・・ 大さじ1
みりん ・・・・・・・・・・・・・・・・・・・・・・・・・・・・・ 大さじ1
しょうゆ ・・・・・・・・・・・・・・・・・・・・・・・・・・・ 大さじ1

正月 祝い肴五種
黒砂糖のクルミ入り田作り

作り方

❶ごまめは220℃のオーブンで2分ほど焼く。

❷クルミは軽くローストし、少し細かく割っておく。

❸フライパンにAの調味料を入れて少し煮て、①と②を加え全体を混ぜ合わせ、照りが出たら火を止めてバットに広げ冷ます。

Memo その昔、小いわしを田んぼの肥やしとしたところ、大豊作になったことから、文字通り田を作る「田作り」の名前が付けられた。「豆(健康)」にも通じるごまめは「五万米」とも書かれ、五穀豊穣を祈願する縁起ものとなっている。また小さいけれど尾頭付きの祝い肴である。

材料 4人分

エビ(大) ・・・・・・・・・・・・・・・・・・・・・・・・・・ 4尾
酒 ・・・・・・・・・・・・・・・・・・・・・・・・・・・・・・・・・ 大さじ1
酢、塩 ・・・・・・・・・・・・・・・・・・・・・・・・・・・・・ 少々
長芋 ・・・・・・・・・・・・・・・・・・・・・・・・・・・・・・ 100g
茹で卵の黄身 ・・・・・・・・・・・・・・・・・・・・ 2個分
＜A調味料＞
砂糖 ・・・・・・・・・・・・・・・・・・・・・・・・・・・・・・ 大さじ2
酢 ・・・・・・・・・・・・・・・・・・・・・・・・・・・・・・・・・ 大さじ1
塩 ・・・・・・・・・・・・・・・・・・・・・・・・・・・・・・・・・ 小さじ1/2

食用品ラップ ・・・・・・・・・・・・・・・・・・・・・・ 適量
酒、塩 ・・・・・・・・・・・・・・・・・・・・・・・・・・・・・ 少々

正月 祝い肴五種
エビの黄身寿司

作り方

❶エビは洗って曲がらないように串を打ち、鍋に入れる。

❷①の鍋に酒とかぶる程度の水を入れ茹でる。冷めたら串を抜き、殻をむいて、酒と塩を振り、腹側から開く。

❸長芋は3等分に切って蒸し、卵は15分ほど茹で、黄身を取り出しておく。

❹長芋と卵の黄身を裏ごしし、Aの調味料を加えて鍋に入れ弱火にかけ、少し練り、手で軽く握って、まとまるようになったら火を止め冷ます。

❺ラップの上に酢を少量ふったエビの皮目を下にしてのせ、4等分した④の生地をのせてエビの形に整え、冷蔵庫で冷やし固める。

❻⑤の生地が落ち着いたら冷蔵庫から取り出し、器に盛る。

Memo 長いひげを生やしたエビは、調理すると腰が曲がることから姿を老人にたとえて、腰が曲がるまで長生きする、という長寿祈願の意味が込められている。さらに、エビは脱皮を繰り返して成長することから、出世を願う食材でもある。

材 料 4人分

大根 ・・・・・・・・・・・・・・・・・・・・・・・・・・・・・・・・・・・	150g
長芋 ・・・・・・・・・・・・・・・・・・・・・・・・・・・・・・・・・・・	150g
イクラ ・・・・・・・・・・・・・・・・・・・・・・・・・・・	大さじ2
柚子の皮 ・・・・・・・・・・・・・・・・・・・・・・・・・・	少々

＜A調味料＞

塩 ・・・・・・・・・・・・・・・・・・・・・・・・・・・	小さじ1/3
酢 ・・・・・・・・・・・・・・・・・・・・・・・・・・・・	大さじ2
砂糖 ・・・・・・・・・・・・・・・・・・・・・・・・・・・	大さじ1

材 料 鯛1尾

鯛 ・・・・・・・・・・・・・・・・・・・・・・・・・・・	600g 1尾
白ねぎ（5㎝長さのぶつ切り）・・・・・・・・・・	1本
しょうが（薄切り）・・・・・・・・・・・・・・・・	20g
紹興酒（または酒）・・・・・・・・・・・・・・・	大さじ1

＜Aタレ＞

しょうゆ ・・・・・・・・・・・・・・・・・・・・・・	大さじ2
オイスターソース ・・・・・・・・・・・・・・・	小さじ1
砂糖 ・・・・・・・・・・・・・・・・・・・・・・・・・	小さじ1/2
こしょう ・・・・・・・・・・・・・・・・・・・・・・・・	少々

白ねぎ（白髪ねぎ）・・・・・・・・・・・・・・	1/2 本分
香草 ・・・・・・・・・・・・・・・・・・・・・・・・・・・・	適量

サラダ油 ・・・・・・・・・・・・・・・・・・・・・・	大さじ2
ゴマ油 ・・・・・・・・・・・・・・・・・・・・・・・・	小さじ2

正月 祝い肴五種
大根と長芋のみぞれ仕立て

作り方

❶大根は皮をむき、すり下ろした後、ザルに取って、水気を少し取っておく。

❷長芋も皮をむいて、少しの酢水につけた後、5mm角に刻んでおく。

❸ボウルに①と②を合わせ、Aの調味料で味を調え、器に盛った後、イクラと柚子の皮をのせる。

Memo　純白の大根は鏡草（かがみぐさ）とも呼ばれ、祝いの儀式にはよく使われる野菜である。また、長芋は色の白さだけではなく、粘りを持つことから、どんな困難にも負けず、粘り強く生きてゆくことを願って使われる食材である。

祝い鯛 中華風蒸し物

作り方

❶鯛は鱗を落とし、腹に切れ目を入れて内臓を除き水でよく洗ってふいた後、両面に縦に2～3本の切れ目を入れる。

❷皿にねぎを敷き、①の鯛をのせて上にしょうがを散らし、紹興酒または酒をかけて蒸し器に入れ、強火で15分ほど蒸す。

❸蒸し上がれば大きめの皿にのせ、上にAのタレの材料を混ぜ合わせたものを回しかけ、白髪ねぎと香菜をのせる。

❹小鍋にサラダ油とゴマ油を入れ、煙が出るほど熱して③の鯛の上にかけ、タレごと鯛の身を取り分けていただく。

作って食べよう世界の料理
第168回パーティー編
第175回お正月編
講師 日下部 管子氏

バッテラ寿司

材 料

しめ鯖 (市販品)・・・・・・・・・・・・・・・・・・ 2 枚
米 ・・・・・・・・・・・・・・・・・・・・・・・・ 2 カップ
昆布 (5cm) ・・・・・・・・・・・・・・・・・・・ 1 枚
酒 ・・・・・・・・・・・・・・・・・・・・・・・ 大さじ 1
A (合わせ酢)
酢 ・・・・・・・・・・・・・・・・・・・・・・・・ 40ml
砂糖 ・・・・・・・・・・・・・・・・・・・・・・・・ 30g
塩 ・・・・・・・・・・・・・・・・・・・・・・・・・ 10g

巻き簾
食品用ラップ

作り方

❶米 2 カップは昆布、酒を入れて、硬めに炊き、A の合わせ酢で寿司飯を作る。

❷寿司飯を 2 等分しラップで包んだ後、しめ鯖の長さに合わせて、棒状に伸ばしてゆく。

❸巻き簾に食品用ラップを広げ、しめ鯖を皮目を下にしてのせる。その上に2の寿司飯を重ねるように置く。

❹全体をラップで包み、さらに巻き簾でしっかりと押すように巻き、形を整える。

❺巻き簾を外し、ラップの上から寿司を切り分け、器に盛る。

材 料　15 ㎝ x 15 ㎝　流し缶 1 個分

<A 白生地>
白こしあん ・・・・・・・・・・・・・・・・・・ 160 g
上新粉 ・・・・・・・・・・・・・・・・・・・・・・ 8 g
砂糖 ・・・・・・・・・・・・・・・・・・・・・・・ 10 g
卵 ・・・・・・・・・・・・・・・・・・・・・・・・・ 1 個
<B 抹茶生地>
白こしあん ・・・・・・・・・・・・・・・・・・ 160 g
上新粉 ・・・・・・・・・・・・・・・・・・・・・・ 8 g
抹茶 ・・・・・・・・・・・・・ 5 g ＋熱湯　大さじ 1
砂糖 ・・・・・・・・・・・・・・・・・・・・・・・ 10 g
卵 ・・・・・・・・・・・・・・・・・・・・・・・・・ 1 個
<C>金箔　少々

Memo　老松は千年の時を経ても緑を保つことから、お正月などのお祝い事のお菓子として作られる。

迎春老松

作り方

❶ボウルに A の材料を入れ、よく混ぜる。

❷別のボウルに卵白と砂糖を入れ、しっかり角が立つまで泡立て、①の中に 4 ～ 5 回に分けて加えさっくりと混ぜ合わせ、流し缶に入れて平らにする。

❸蒸気の上がった蒸し器に入れ、布巾を敷いて強火で 5 ～ 6 分蒸す。

❹ボウルに B のこしあんを入れ、上新粉と熱湯で溶いた抹茶、卵黄を加えてよく混ぜる。

❺別のボウルに同じく卵白に砂糖を加えしっかり角がたつまで泡立て、④の中に 4 ～ 5 回に分けてさっくりと混ぜ合わせる。

❻③の白生地の表面に膜が張ったらいったん取り出し、その上に⑤の生地を流し、さらに 20 分ほど蒸す。

❼蒸しあがれば冷まして等分に切り、上にCの金箔を飾る。

チャプチェ

韓国
Korea

材 料 4人分

韓国春雨（乾燥）	100 g
ほうれん草	1束
にんじん（千切り）	1本
卵	2個
卵用：塩、砂糖　少々	
牛肉薄切り（5 cmの細切り）	100 g
干ししいたけ（水で戻し細切り）	5枚
ゴマ油（炒め用）	適量
砂糖	適量
炒りゴマ	適量

＜調味料＞

しょうゆ	大さじ5
にんにく（すりおろし）	小さじ1
こしょう	小さじ1
砂糖	大さじ1
ゴマ油	大さじ2

作り方

❶調味料を軽くひと煮たちさせて、冷ましておく。

❷韓国春雨を茹で、しっかり流水で洗った後、食べやすい長さに切る。

❸ほうれん草を下茹でし、固く絞り5 cmの長さに切る。にんじんもさっと下茹でしておく。

❹卵に塩と砂糖を加え、薄焼き卵を作り、5 cmの細切りにしておく。

❺フライパンに少量のゴマ油を入れ、牛肉としいたけを入れ、少量の砂糖を加えて炒める。肉に火が通ったら、①を少量絡めておく。

❻にんじんをゴマ油で炒め、①を少し絡める。

❼ボウルに春雨と下ごしらえした全ての具材を入れ、①を適量加えて、しっかり混ぜ合わせる。器に盛り炒りゴマをふって完成。

プルコギキンパ

韓国
Korea

材 料 2本分

ご飯 …………………………… 茶碗 2杯分強	
卵 ……………………………………… 2個	
たくあん ………………………………… 適量	
にんじん ………………………………… 1本	
ほうれん草 …………………………… 1/2束	
牛もも肉(薄切り)…………………… 150g	
焼き海苔 ………………………………… 2枚	
ゴマ油 …………………………………… 適量	
ゴマ ……………………………………… 適量	

<A 調味料>
塩、ゴマ油、ゴマ、しょうゆ ………… 各少々
<B 調味料>
しょうゆ ………………………………… 大さじ1
みりん、砂糖 ………………………… 各大さじ1/2
ゴマ油、ゴマ、おろしにんにく ……… 各適量
<C 調味料>
ゴマ油、塩、ゴマ ……………………… 各少々

作り方

❶卵は塩少々を入れて、薄焼き卵を作り、1.5cm幅に切り、たくあんは細切りする。

❷にんじんは細切りにして、さっと炒め、塩少々で味をつけて水気をしっかり取っておく。

❸ほうれん草は茹でて硬く絞り、Aの調味料で味をつけておく。

❹牛もも肉はさっと炒めBのタレに絡めておく。

❺ご飯をボウルに入れ、Cの調味料を加え混ぜ合わせたら、2本分に分ける。

❻巻き簾に海苔を敷き、ゴマ油を薄く塗って上にご飯をひろげ、①〜④の半量の具を彩りよく並べて巻く。

❼できあがったキンパの表面にも薄くゴマ油を塗り、ゴマを散らす。

❽同様にしてもう一本プルコギキンパを作る。

台湾
Taiwan

台湾おこわ＆
ピータン豆腐

材 料 4人分

＜台湾おこわ＞
もち米・・・・・・・・・・・・・・・・・・・・・・・・・・・・・・・・800g
干し貝柱 ・・・・・ 大5個 ┐それぞれ湯で戻し、戻
干ししいたけ・・・・ 5枚 │し汁を合わせて600ml
干しむきエビ ・・・・40ｇ ┘取っておく。
エシャロット（みじん切り）・・・・・・・・・ 大さじ2
ゴマ油・・・・・・・・・・・・・・・・・・・・・・・・ 大さじ1・1/2
＜A 調味料＞
酒 ・・・・・・・・・・・・・・・・・・・・・・・・・・・・・・・・ 大さじ2
しょうゆ・・・・・・・・・・・・・・・・・・・・・ 大さじ1・1/2
＜B 調味料＞
塩 ・・・・・・・・・・・・・・・・・・・・・・・・・・・・・・・・ 小さじ1
うまみ調味料・・・・・・・・・・・・・・・・・・・・・ 大さじ1
酒 ・・・・・・・・・・・・・・・・・・・・・・・・・・・・・・・・ 大さじ2
こしょう ・・・・・・・・・・・・・・・・・・・・・・・・・ 小さじ1

＜ピータン豆腐＞
ピータン(殻をむいてみじん切り)・・・・・・・ 2個
絹ごし豆腐(4等分に切り中央をくり抜く)・・ 1丁
しょうが（すりおろす)・・・・・・・・・・・・・・・1かけ
万能ねぎ（小口切り）・・・・・・・・・・・・・・・・ 4本
＜A 調味料＞
しょうゆ ・・・・・・・・・・・・・・・・・・・・・・・・・ 大さじ2
ゴマ油 ・・・・・・・・・・・・・・・・・・・・・・・・・・・ 大さじ1
酢 ・・・・・・・・・・・・・・・・・・・・・・・・・・・・・・・・ 大さじ1

作り方

＜台湾おこわ＞
❶もち米を洗い、5時間水に浸けた後、水を切っておく。

❷貝柱は細かくほぐし、干ししいたけは千切りに、むきエビは半分に切っておく。

❸中華鍋にゴマ油を入れ、エシャロットを炒め、香りが出たら②を入れて炒めAを加える。

❹蒸し器の底に水を入れ沸騰したら、もち米を入れて1時間蒸す。

❺その間、20分毎に干し貝柱、干ししいたけ、干しむきエビのもどし汁を3回に分けて、もち米にふりかける。

❻2回目には③の具とBと戻し汁を一緒にして、もち米に混ぜる。

❼最後に10〜20分蒸してできあがり（火の加減で）。

＜ピータン豆腐＞
❶ボウルにAを入れ混ぜ合わせる。

❷ピータンを豆腐の中央をくり抜いたところに盛り付け、①をかける。

❸最後にしょうがとねぎをのせる。

タイ料理

ガパオライス

材 料 4人分

鶏肉 ・・・・・・・・・・・・・・・・・・・・・・・・・・・・・・ 300ｇ
玉ねぎ ・・・・・・・・・・・・・・・・・・・・・・・・・・・・ 1/4 個
ピーマン ・・・・・・・・・・・・・・・・・・・・・・・・・・・ 2 個
パプリカ ・・・・・・・・・・・・・・・ (赤・黄)各 1/2 個
いんげん ・・・・・・・・・・・・・・・・・・・・・・・・・・・ 4 本
バイカパオ (ホーリーバジル) ・・・・・・・・ 20ｇ
にんにく ・・・・・・・・・・・・・・・・・・・・・・・・・・・ 2 片
プリッキーヌ (赤唐辛子) ・・・・・・・・・・・・・ 2 本
鶏がらスープ ・・・・・・・・・・・・・・・・・・・・ 大さじ 3
卵 (目玉焼き用) ・・・・・・・・・・・・・・・ 1 人 1 個

＜調味料＞
ナンプラー ・・・・・・・・・・・・・・・・・・・・・・ 大さじ 1
シーユーダム ・・・・・・・・・・・・・・・・・・・・ 小さじ 1
オイスターソース ・・・・・・・・・・・・・・・・ 大さじ 2
シーズニングソース ・・・・・・・・・・・・・ 大さじ 1/2
砂糖 ・・・・・・・・・・・・・・・・・・・・・・・・・・・・ 大さじ 1

作り方

❶鶏肉は 1cm角に切る。玉ねぎ、ピーマン、パプリカは粗みじん切り、いんげんは小口切り、バイカパオは粗くちぎる。にんにくはみじん切り、プリッキーヌは斜め小口切りにする。

❷フライパンにサラダ油を入れ、揚げるようにして目玉焼きを作り、取り出しておく。

❸フライパンにサラダ油大さじ 2 を入れて、にんにくとプリッキーヌを炒め、香りが出たら鶏肉を加え、鶏肉がほぐれてきたら、玉ねぎを加えて軽く炒める。

❹鶏がらスープを加えてさらに炒める。

❺調味料をよく混ぜ合わせて、④に加える。味がなじんだら、いんげん、ピーマン、パプリカを加えて炒め合わせる。

❻最後にバイカパオを加えて火を止める。

❼ご飯を皿に盛り、目玉焼きをのせ、⑥を添えて完成。

Memo
豚肉、牛肉、シーフードでも美味。
シーユーダムはタイのしょうゆ。

作って食べよう世界の料理
第159回タイ編
講師 タッサニー村木氏

ヤム・ウンセン
(春雨サラダ)

\<D 薬味\>
にんにく（生）・・・・・・・・・・・・・・・・・・・・・・・・・ 10 g
にんにくの酢漬け ・・・・・・・・・・・・・・・・・・・・・ 10 g
赤唐辛子 ・・・・・・・・・・・・・・・・・・・・・・・・・・・ 3 本

材 料 4人分

豚ひき肉 ・・・・・・・・・・・・・・・・・・・・・・・・・ 50 g
パクチー ・・・・・・・・・・・・・・・・・・・・・・・・・ 適量
\<A\>
春雨（乾燥）（水で戻す）・・・・・・・・・・・・ 20 g
白きくらげ（水で戻す）・・・・・・・・・・・・・ 4 枚
えび（尾を残し殻をむき背ワタを取る）・・・・ 8 尾
\<B\>
玉ねぎ（縦に薄切りし水にさらす）・・・・・1/2 個
細ねぎ（2 ㎝に切る）・・・・・・・・・・・・・・・ 2 本
セロリ（薄く斜め切り、葉はザク切り）・・ 1/3 本
ミニトマト（縦半分に切る）・・・・・・・・・ 4 〜6 個
\<C ドレッシングの材量\>
レモン汁 ・・・・・・・・・・・・・・・・・・・・・・ 大さじ 3
ナンプラー ・・・・・・・・・・・・・・・・・・・・ 大さじ 3
パームシュガー（砂糖）・・・・・・・・・・・ 大さじ 1

作り方

❶豚ひき肉は油を使わずに炒めて、ポロポロになったら粗熱を取る。

❷Aの具材をそれぞれ茹でて、キッチンペーパーで水気を取る。春雨は5㎝、白きくらげはザク切りにする。

❸Bの野菜を切り、さらした玉ねぎの水気を取る。

❹Cを合わせてドレッシングを作り、みじん切りにしたDの薬味と和えて味をなじませる。

❺①と②をボウルに入れ④を大さじ3入れて和える。

❻食べる直前に③を加え、残りのドレッシングを入れて和え、パクチーを散らして完成。

Point
野菜は時間がたつと水分が出るので、食べる直前に和える。

ルアムミット
(みつ豆)

材 料 4人分

黒豆甘煮（市販のもの）・・・・・・・・・・・・・ 100 g
タピオカ（乾燥）・・・・・・・・・・・・・・・・・・・ 20 g
（茹でて水切りしておく）
わらびもち（市販品）・・・・・・・・・・・・・・・ 100 g
フルーツの缶詰 ・・・・・・・・・・・・・・・・・・・ 適量
寒天 ・・・・・・・・・・・・・・・・・・・・・・・・・・・ 適量
\<A ココナッツミルクソース\>
ココナッツミルク ・・・・・・・・・・・・・・・ 250ml
砂糖・・・・・・・・・・・・・・・・・・・・・・・・・・・100g
塩 ・・・・・・・・・・・・・・・・・・・・・・・・ 小さじ 1/2
水 ・・・・・・・・・・・・・・・・・・・・・・・・・・・100ml

作り方

❶タピオカは湯に入れて透明になるまで茹でて、水にさらす。

❷黒豆の甘い汁は捨てる。寒天、わらびもち、缶詰のフルーツは一口大に切る。

❸ココナッツミルクソースを作る。
鍋にAを入れてひと煮立ちさせて、砂糖が溶けたら水を加えて火を止め、(強く沸騰させない)冷ましておく。

❹器に水気を切ったタピオカ・黒豆・寒天・わらびもちを好みの量入れ、フルーツをのせ、ココナッツミルクソースをかけて完成。

タイ料理

パッタイ
（タイの焼きそば）

材 料 4人分

センレク（乾燥麺）・・・・・・・・・・・・・・・・・・・ 200 g
にんにく（粗みじん切り）・・・・・・・・・・・・・ 15 g
紫玉ねぎ（粗みじん切り）・・・・・・・・・・・・ 15 g
エビ（尾を残し殻をむき背ワタを取る）・・・・ 8 尾
たくあん（甘口）（粗みじん切り）・・・・・・・ 40 g
木綿厚揚げ（1 cm角に切る）・・・・・・・・・・ 100 g
卵 ・・・・・・・・・・・・・・・・・・・・・・・・・・・・・・・・・ 3 個
ニラ（4 cm長さに切る）・・・・・・・・・・・・・・ 6 本
もやし ・・・・・・・・・・・・・・・・・・・・・・・・・・・・・ 1 袋
ピーナッツ（粗めに砕く）・・・・・・・・・・ 大さじ 2
鶏がらスープの素 ・・・・・・・・・・・・・・・・・・ 適量
サラダ油 ・・・・・・・・・・・・・・・・・・・・・・・・・・ 適量

＜タレの調味料＞
タマリンド液※ ・・・・・・・・・・・・・・・・・・・ 150ml
ナンプラー ・・・・・・・・・・・・・・・・・・・・・・・・ 60ml
パームシュガー（砂糖）・・・・・・・・・・・・ 100 g
チリソース ・・・・・・・・・・・・・・・・・・・・・ 大さじ 3

タマリンド液の作り方
タマリンド（固形）・・・・・・・・・・・・・・・・ 20 g
ぬるま湯 ・・・・・・・・・・・・・・・ 100〜150ml
ボウルにぬるま湯を入れてタマリンドを15分
程浸ける。
柔らかくなったら手でよく揉んで溶かす。

作り方

❶センレクは30〜40分程、ぬるま湯に浸して柔らかく戻し、ザルに上げて水気を切る。

❷タレを作る。
タレの調味料全てを鍋に入れて中火で熱し、砂糖が溶けて少しトロミがつくまで煮る。

❸フライパンに油を入れて、卵を溶きほぐして入れ、ふわりとした炒り卵を作り、器に取り出しておく。

❹フライパンに油を1cmほど入れて厚揚げを揚げ、器に取り出しておく。
フライパンに油を足して、にんにく、紫玉ねぎを炒めて香りが立ってきたら、エビを加えて炒め、エビだけを器に取り出す。

❺❹のフライパンに、たくあんを加えて炒め合わせる。これらの具材を器に取り出しておく。

❻フライパンに大さじ1の油を入れ、柔らかく戻しておいたセンレクを炒める。
この時まだ麺が固ければ、鶏がらスープの素と水を適量加えて柔らかくする。

❼❷のタレ2/3量を加えて炒め、味をなじませる。

❽取り出しておいたエビ以外の具材ともやしを入れ、残りのタレ1/3量を加えて炒め合わせる。

❾最後にニラを加えて軽く炒め合わせ火を止める。

❿皿に盛り付けてエビ、ピーナッツを散らし、レモンを添える。お好みで粉唐辛子をかける。

材 料 4人分

エビ（尾を残し殻をむき背ワタを取る）‥‥‥4尾
ふくろたけ（しめじでもOK）‥‥‥‥‥‥100g
プリッキーヌ（赤唐辛子）(縦に3等分に切る) 3本
パクチーの葉（ざく切り）‥‥‥‥‥‥‥3〜5本
ココナッツミルク（お好みで）‥‥‥‥‥‥70ml
鶏がらスープ‥‥‥‥‥‥‥‥‥‥‥‥‥4カップ
レモン汁‥‥‥‥‥‥‥‥‥‥‥‥‥大さじ2〜3
＜A スープ材料＞
レモングラス（斜め薄切り）‥‥‥‥‥‥‥‥1本
カー（しょうが）（薄切り）‥‥‥‥‥‥‥‥5枚
こぶみかんの葉（葉脈を取りちぎる）‥‥‥‥5枚
＜B 調味料＞
ナンプリックパオ（チリインオイル）‥ 大さじ1
ナンプラー‥‥‥‥‥‥‥‥‥‥‥‥大さじ1〜2

材 料 3色24個分

＜あん 24個分＞
Aココナッツロング（乾燥）(水に10分つける) 60g
パームシュガー（砂糖）‥‥‥‥‥‥‥‥‥‥70g
塩‥‥‥‥‥‥‥‥‥‥‥‥‥‥‥‥‥小さじ1/8
水‥‥‥‥‥‥‥‥‥‥‥‥‥‥‥‥‥‥‥100ml
＜仕上げ用ココナッツフレーク 24個分＞
Bココナッツロング（乾燥）(水に10分つける) 50g
塩‥‥‥‥‥‥‥‥‥‥‥‥‥‥‥‥‥小さじ1/8
＜白玉団子 1色約8個分＞
白玉粉‥‥‥‥‥‥‥‥‥‥‥‥‥‥‥‥‥‥50g
水‥‥‥‥45ml (固ければ大さじ2まで追加する)
食品用着色料（好みの3色）‥‥‥‥‥‥‥‥適量

トムヤム・クン
（エビのスパイシースープ）

作り方

❶スープを作る。
鍋に鶏がらスープを入れて沸騰したら、Aを加えて中火
で煮る。アクは丁寧に取る。

❷①のスープにBの調味料を加えて味を調える。

❸スープが沸騰したら、ふくろたけを加え、ひと煮たち
したらエビを加える。

❹エビの色が変わったら火を止めて、レモン汁を加える。

❺できあがったスープを深めの器に盛り付け、プリッキー
ヌとパクチーを散らして完成。

Point
エビを入れてからは、煮込み過ぎない。
レモン汁は最後に入れて香りと酸味を生かす。
ココナッツミルクを加えると濃厚な味になる。

カノム・トム・スィー
（ココナッツ餡入り白玉団子）

作り方

❶あんを作る。
フライパンに水とパームシュガーと塩を入れ中火にかけ
溶かし、Aのココナッツロングを加え混ぜながら煮詰め
る。茶色くなり練ってまとめられる固さになれば火から
下ろし冷ます。これを直径1㎝くらいに丸めておく。

❷仕上げ用ココナッツフレークを作る。
ボウルにBのココナッツロングと塩を入れ混ぜ合せる。

❸白玉団子を作る。
白玉粉に水を少しずつ混ぜながら、耳たぶより少し固め
にこねる。生地を3等分し着色料を加える。
これを直径2㎝くらいに丸め、円盤形になるように広げ
る(真ん中は厚めに周囲は薄めに)。

❹あんを包む。
③の白玉団子に①のあんを包み込む。

❺団子を茹でる。
沸騰した湯の中に④の団子を入れ、浮いてきたらさらに
1分弱ほど茹でて冷水に取る。すくい上げて水気を切り
②の仕上げ用ココナッツフレークをまぶす。

ゴイクン
（生春巻き）

ベトナム
Vietnam

材 料 4人分

ライスペーパー ……………………… 4 枚
（霧吹きで湿らせて柔らかくしておく）
むきエビ ……………………………… 4 尾
（塩少々を加えた熱湯で茹で、冷まして半分にスライス）
豚バラ肉スライス ………………… 50 g
（少量の水にヌクマム、砂糖（適量）を加えた鍋でさっと煮て冷ましておく）
サニーレタス ………………………… 4 枚
大葉 …………………………………… 4 枚
ニラ …………………………………… 8 本
（しっかりした部分を 10 ㎝長さに切り揃える）
ビーフン適量（そうめんでもOK）
（茹でて水洗いをし、水気を切っておく）

Memo
ヌクマムは魚介類に塩を加えて発酵させた調味料の一種。

＜甘酢タレ（ヌクチャム）＞
砂糖 …………………………………… 大さじ 1 強
ヌクマム ……………………………… 大さじ 1
ライム汁 ……………………………… 大さじ 1 強
水 ……………………………………… 大さじ 3
にんにく（みじん切り） …………… 少々
唐辛子（みじん切り） ……………… 少々
＜飾り＞
パクチー　ミント　バジル

作り方

❶甘酢タレの材料をボウルに入れ、よく混ぜる。

❷ライスペーパーの手前にサニーレタス、ビーフン、豚肉をのせ、手前からきつめに巻き、最後にニラ、エビ、大葉を置いて巻き終える。

❸甘酢タレとパクチーやミントなどを添える。

ガドガド
（温野菜のピーナッツソースがけ）

インドネシア
Indonesia

材 料 4人分

きゅうり	……………………………	1本
にんじん	……………………………	1本
いんげん（食べやすい長さに切る）	…	1パック
じゃがいも	…………………………	1個
もやし	………………………………	1/2袋
厚揚げ	………………………………	2個
卵（固茹でする）	…………………	2個

＜ピーナッツソース＞

ピーナッツバター（無糖）	…………	180g
エシャロット	………………………	3個
にんにく	……………………………	1片
砂糖	…………………………………	大さじ1
レモン汁	……………………………	大さじ1
ナンプラー	…………………………	小さじ2
豆板醤	………………………………	小さじ1

作り方

❶きゅうり以外の野菜を茹でて水切りし、スライスしておく。

❷厚揚げはさっと熱湯にくぐらせて油抜きをして1cm幅に切る。①の野菜、きゅうり、ゆで卵のスライスと共に彩りよく皿に並べる。

❸＜ピーナッツソース＞
エシャロットとにんにくを細かくきざみ、すりつぶす。残りの材料を加えて、なめらかになるまでよく混ぜ合わせる。

野菜とは別の容器に入れて供し、ソースをかけていただく。

Memo
インドネシアでは厚揚げではなく、タフゴレン（揚げだし豆腐のようなもの）やテンペ（大豆の発酵食品）を使う。

ナシゴレン

インドネシア
Indonesia

材 料 4人分

ご飯 ・・・・・・・・・・・・・・・・・・・・・・・・・・・・・・・・・・・・・ 4 杯
鶏肉 （小口きり）・・・・・・・・・・・・・・・・・・・・・ 100 g
むきエビ ・・・・・・・・・・・・・・・・・・・・・・・・・・・・・・ 100 g
玉ねぎ （みじん切り） ・・・・・・・・・・・・・・・・ 1/2 個
ピーマン （角切り） ・・・・・・・・・・・・・・・・・・・・・ 2 個
油 ・・・・・・・・・・・・・・・・・・・・・・・・・・・・・・・・・・・・・・ 適量
卵 （目玉焼き用） ・・・・・・・・・・・・・・・・・・・・・・ 4 個
きゅうり （斜めスライス） ・・・・・・・・・・・・・・ 1 本
プチトマト ・・・・・・・・・・・・・・・・・・・・・・・・・・・・・・ 4 個
揚げせんべい ・・・・・・・・・・・・・・・・・・・・・・・ 12 枚

＜ナシゴレンソース＞
ケチャップマニス ・・・・・・・・・・・・・・・・・ 小さじ 8
エシャロット（みじん切り） ・・・・・・・・・・・・・・ 4 個
にんにく （みじん切り） ・・・・・・・・・・・・・・・ 2 片
赤唐辛子（みじん切り） ・・・・・・・・・・・・・・・ 2 本
塩 ・・・・・・・・・・・・・・・・・・・・・・・・・・・・・・・・・ 小さじ 1
ナンプラー ・・・・・・・・・・・・・・・・・・・・・・・ 大さじ 2
豆板醤 ・・・・・・・・・・・・・・・・・・・・・・・・・・・ 小さじ 2

作り方

❶ボウルにナシゴレンソースの材料を混ぜておく。

❷フライパンに油を熱し、鶏肉、玉ねぎ、むきエビ、ピーマンを炒める。

❸鶏肉に火が通ったらご飯を入れ、①も加えてよく炒める。

❹お皿に③、その上に目玉焼きをのせる。お好みで、きゅうりやにんじんのスライス、プチトマト、揚げせんべい、揚げテンペ（2 cm角）をあしらう。

チキンサテ

材 料 4人分

鶏もも肉 ・・・・・・・・・・・・・・・・・・・・・・・・・・ 400g
塩・こしょう ・・・・・・・・・・・・・・・・・・・・・・ 適量
竹串（水につけておく）

＜サテソース＞
ココナッツミルク ・・・・・・・・・・・・・・・・・・ 100ml
カレー粉 ・・・・・・・・・・・・・・・・・・・・・・ 大さじ2
にんにく（みじん切り）・・・・・・・・・・・・・・ 2片
砂糖 ・・・・・・・・・・・・・・・・・・・・・・・・・・ 大さじ1
パクチー（みじん切り）・・・・・・・・・・・・・・ 少々
ナンプラー ・・・・・・・・・・・・・・・・・・・・ 小さじ2
塩・こしょう ・・・・・・・・・・・・・・・・・・・・・・ 少々
ライム汁 ・・・・・・・・・・・・・・・・・・・・・・ 大さじ2

＜ピーナッツソース＞
材料と作り方
皮つきピーナッツ ・・・・・・・・・・・・・・・・ 1/2カップ
ココナッツミルク ・・・・・・・・・・・・・・・・・・ 200ml
にんにく ・・・・・・・・・・・・・・・・・・・・・・・・ 2cm
しょうが ・・・・・・・・・・・・・・・・・・・・・・・・ 2cm
砂糖 ・・・・・・・・・・・・・・・・・・・・・・・・・・ 大さじ2
ケチャップマニス ・・・・・・・・・・・・ 大さじ1〜2
しょうゆ ・・・・・・・・・・・・・・・・・・ 小さじ1〜2
こぶみかんの葉(冷凍) ・・・・・・・・・・・ 3〜4枚
サンバル（辛チリソース）・・・・・・・ 大さじ1〜2

①全ての材料をフードプロセッサーに入れ30秒
2〜3回まわす。
（皮つきピーナッツ、こぶみかんの葉、にんにく、
しょうがのプリプリが残っても味わい深い）

②耐熱容器に入れ替える。
電子レンジ600Wで30秒を繰り返す。
混ぜてねっとりしたら完成。

作 り 方

❶鶏肉は、一口大に切り、軽く塩・こしょうしておく。

❷フライパンにサラダ油大さじ1(分量外)を熱し、ライム
汁以外のサテソースの材料を加え、さっと火を通し、最後
にライム汁を加える。

❸鶏肉を串にさす。

❹バットに鶏串をのせ、サテソースを半分ほどかけ、30分
程冷蔵庫で寝かせておく。

❺グリル、フライパンなどで❹の鶏串を焼く(オーブンな
ら220℃で20分程)。

❻焼いた鶏串に残りのソースを添える。

❼お好みでピーナッツソースをかける。

テンペ

材 料 4人分

テンペ ・・・・・・・・・・・・・・・・・・・・・・・・・・ 100g
油・・・・・・・・・・・・・・・・・・・・・・・・・・・・・・ 適量

作 り 方

テンペを2cm角に切り、油で5分揚げる。

ルンピア

（春巻き）

フィリピン
The Philippines

材 料 4人分40本

豚ひき肉	400 g
にんじん	1本
セロリ	1本
玉ねぎ	1個
じゃがいも	1個
パプリカ	1/2個
にんにく	2片
春巻きの皮	20枚
コンソメ	2個
小麦粉	大さじ1
チリソース	適量
塩・こしょう	少々
揚げ油	適量

作り方

❶野菜、にんにくはみじん切りにしておく。

❷フライパンに油を入れ、にんにく、豚肉を炒め、みじん切りにした野菜を炒める。塩・こしょう、コンソメ、小麦粉を入れて炒め、バットにとっておく。

❸春巻きの皮は、三角形に半分に切り具材をのせて、先に両サイドをたたんでから巻く。
小麦粉(分量外)を水で溶いたもので留める。

❹180℃の油でカラッと揚げる。

❺器に盛りつけ、チリソースを添える。

カオソーイ
（ラオスのそうめん）

ラオス
Laos

材 料 4人分

フォー ・・・・・・・・・・・・・・・・・・・・・・・・	200 g
豚ひき肉 ・・・・・・・・・・・・・・・・・・・・・・	240 g
ツナ ・・・・・・・・・・・・・・・・・・・・・・・・・・	大 2 缶
鶏ガラスープの素 ・・・・・・・・・・・・・	大さじ 2
カー（しょうがスライス）・・・・・・・・・	10 g
レモングラス（斜めに切る）・・・・・・・	1 本
ココナッツミルク ・・・・・・・・・・・・・・・・	1 缶
にんにく（みじん切り）・・・・・・・・・・・	1 個
パックブア（ハスの実、みじん切り）・・・・・	4 個
一味唐辛子 ・・・・・・・・・・・・・・・・・・・・	少々
パクチー（手でちぎる）・・・・・・・・・・・	4 枚
砂糖（三温糖）・・・・・・・・・・・・・・・・	小さじ 2
ナンプラー ・・・・・・・・・・・・・・・	大さじ 2・1/2
レタス（手でちぎる）・・・・・・・・・・・・	少々
にんじん（千切り）・・・・・・・・・・・・・・	1/2 本
レモン（輪切り）・・・・・・・・・・・・	1/2 個
水 ・・・・・・・・・・・・・・・・・・・・・・・・・・・	600ml
塩 ・・・・・・・・・・・・・・・・・・・・・・・・・・・	少々

作り方

＜スープを作る＞

❶鍋に水600mlを入れ沸騰したら塩、スープの素、カー、レモングラスを入れ、15分煮る。

❷フライパンにココナッツミルクを1/2入れ、とろりとしてきたら、にんにく、パックブア、一味唐辛子、パクチーを加え、香りがしてくるまで煮る。

❸②にひき肉、ツナを入れ、ひき肉に火が通るまで煮る。

❹①と③を混ぜ合わせ、残りのココナッツミルク、砂糖、ナンプラーで味を調えて、スープのできあがり。

＜仕上げ＞

❶フォーを茹で、水にさらして器に盛る。

❷①にスープをかけてレタス、にんじん、レモン、パクチーをトッピングする。

チキンカレー

インド
India

材 料 4人分

鶏もも肉 ・・・・・・・・・・・・・・・・・・・・・・・・・・ 300 g
玉ねぎ ・・・・・・・・・・・・・・・・・・・・・・・・・・・・ 1 個
じゃがいも ・・・・・・・・・・・・・・・・・・・・・・・・ 2 個
にんじん ・・・・・・・・・・・・・・・・・・・・・・・ 1/2 本
なす ・・・・・・・・・・・・・・・・・・・・・・・・・・・・・・ 1 個
トマトピューレ ・・・・・・・・・・・・・・・・・・・ 200g
しょうが、にんにく（すりおろし）・・各大さじ 2
クミンシード・・・・・・・・・・・・・・・・・・・・ 小さじ 2
水 ・・・・・・・・・・・・・・・・・・・・・・・・・・・・・・ 150ml
サラダ油 ・・・・・・・・・・・・・・・・・・・・・・ 大さじ 3

＜スパイス＞
ターメリック ・・・・・・・・・・・・・・・・・・・ 小さじ 2
クミンパウダー ・・・・・・・・・・・・・・・・・・ 小さじ 1
コリアンダーパウダー ・・・・・・・・・・・・ 小さじ 1
レッドチリパウダー ・・・・・・・・・・・・・ 小さじ 1
ガラムマサラ ・・・・・・・・・・・・・・・・ 小さじ 1・1/2
塩 ・・・・・・・・・・・・・・・・・・・・・・・ 小さじ 1・1/2

作り方

❶鶏肉、野菜は一口大に切る。

❷鍋に油を入れ、クミンシードを加えて炒め、玉ねぎを加え色が変わるまで炒める。

❸しょうが、にんにく、じゃがいも、にんじん、なすの順に加え混ぜる。

❹すべてのスパイスとトマトピューレを加え2分混ぜ炒め、さらに鶏肉を加え5分炒める。

❺水を加え、フタをして中火で15分煮る。

作って食べよう世界の料理
第168回インド編
講師 トラバリー・アイニ氏

チーレ
(玉ねぎとじゃがいものかき揚げ)

材料 4人分

玉ねぎ (みじん切り) ・・・・・・・・・・・・・・・ 1個
じゃがいも (短冊切り) ・・・・・・・・・・・・・ 1個
水 ・・・・・・・・・・・・・・・・・・・・・ 大さじ3

＜衣ペースト＞
チャナ (ひよこ豆) パウダー ・・・・・・・ 大さじ5
ヨーグルト ・・・・・・・・・・・・・・・・ 大さじ3
塩 ・・・・・・・・・・・・・・・・・・・・・ 小さじ1/2
ターメリック ・・・・・・・・・・・・・・・ 小さじ2
レッドチリ ・・・・・・・・・・・・・・・・ 小さじ1.5
にんにく (すりおろし) ・・・・・・・・・・ 小さじ1
しょうが (すりおろし) ・・・・・・・・・・ 小さじ1
ガラムマサラ ・・・・・・・・・・・・・・・ 小さじ1

作り方

❶ひよこ豆パウダー、ヨーグルト、スパイスを混ぜ合わせ衣ペーストを作る。

❷①に水を入れる。

❸②にカットしておいた玉ねぎ、じゃがいもを混ぜ入れる。

❹フライパンに油を薄く引いて、③をスプーンですくい、揚げ焼きにする。

ブルタ
(なすとトマトのヨーグルトサラダ)

材料 4人分

なす ・・・・・・・・・・・・・・・・・・・・ 2本
トマト (小さめの角切り) ・・・・・・・・・・・ 2個
ねぎ (輪切り) ・・・・・・・・・・・・・・・・ 適量
ヨーグルト ・・・・・・・・・・・・・・・・ 200ml
塩 ・・・・・・・・・・・・・・・・・・・・・ 小さじ1

作り方

❶なすを15分焼く。

❷①を冷まし皮をむき、ペースト状になるように包丁でたたく。

❸②にヨーグルトを加え混ぜて塩をふる。

❹混ぜ合わせた③にカットしておいたトマトとねぎを加えて完成。

レンズ豆カレー

スリランカ
Sri Lanka

材料 4人分

玉ねぎ（みじん切り）・・・・・・・・・・・・・・・	1/4 個
マスタード ・・・・・・・・・・・・・・・・・・	小さじ 1/2
にんにく（みじん切り）・・・・・・・・・・・・・	2 片
カレーリーフ・・・・・・・・・・・・・・・・・・	2 枚
シナモン ・・・・・・・・・・・・・・・・・	5 cm×2 本
クミンシード ・・・・・・・・・・・・・・・・	小さじ 1/4
レンズ豆（洗っておく）・・・・・・・・・・・・	1 カップ
ココナッツミルク ・・・・・・・・・・・・・・	1/2 カップ
水 ・・・・・・・・・・・・・・・・・・・・・・	1・1/2 カップ
油 ・・・・・・・・・・・・・・・・・・・・・・	大さじ 2

＜スパイス＞

フェヌグリーク ・・・・・・・・・・・・・・	小さじ 1/4
ターメリック ・・・・・・・・・・・・・・・・	小さじ 1/2
カリーパウダー ・・・・・・・・・・・・・・	小さじ 1
チリパウダー ・・・・・・・・・・・・・・・	小さじ 1/4
塩 ・・・・・・・・・・・・・・・・・・・・・・	少々

作り方

❶フライパンに油を入れマスタードを加え炒め、にんにくを加えさらに炒める。

❷玉ねぎ、カレーリーフ、シナモン、クミンシードを加える。

❸豆を入れスパイスを加える。

❹水を加え混ぜ合わせ、フタをして加熱し沸騰すれば塩を加える。

❺ココナッツミルクを加えて2分煮る。

Memo

フェヌグリークは地中海地方原産のハーブ。
カレーリーフはスリランカ料理に欠かせないハーブ。

パティス

(じゃがいもとツナのパイ)

材料 16個分

じゃがいも（茹でて粗くつぶす）‥‥‥‥ 2個
ツナ（他の魚缶でもOK、油を切る）‥‥‥ 1缶
玉ねぎ ‥‥‥‥‥‥‥‥‥‥‥‥‥‥‥‥ 2個
マスタード ‥‥‥‥‥‥‥‥‥‥‥‥ 小さじ1
フェヌグリーク ‥‥‥‥‥‥‥‥‥‥ 小さじ1
にんにく ‥‥‥‥‥‥‥‥‥‥‥‥‥‥‥ 2片
しょうが ‥‥‥‥‥‥‥‥‥‥‥‥‥‥ 3cm
冷凍パイシート ‥‥‥‥‥‥‥‥‥‥‥‥ 8枚
カレーリーフ ‥‥‥‥‥‥‥‥‥‥‥‥‥ 1枚
塩 ‥‥‥‥‥‥‥‥‥‥‥‥‥‥‥‥ 小さじ1
黒こしょう ‥‥‥‥‥‥‥‥‥‥‥‥ 小さじ1
油 ‥‥‥‥‥‥‥‥‥‥‥‥‥‥‥‥ 小さじ2
揚げ油 ‥‥‥‥‥‥‥‥‥‥‥‥‥‥‥ 適量
＜スパイス＞
シナモン ‥‥‥‥‥‥‥‥‥‥‥‥‥‥ 5cm
クローブ ‥‥‥‥‥‥‥‥‥‥‥‥‥‥ 4粒
カルダモン ‥‥‥‥‥‥‥‥‥‥‥‥‥ 4粒
カリーパウダー ‥‥‥‥‥‥‥‥‥‥ 小さじ1
ターメリック ‥‥‥‥‥‥‥‥‥‥ 小さじ1/2

作り方

❶玉ねぎ、にんにく、しょうがをみじん切りにする。

❷フライパンに油を入れて温め、マスタードを加えて2分後にフェヌグリークを加える。

❸玉ねぎ、にんにく、しょうが、カレーリーフ、塩、黒こしょう、スパイスを加え混ぜる。

❹③を弱火にし、じゃがいも、ツナを入れて混ぜる。

❺半解凍したパイシートを伸ばし、1枚につき2つの丸型をくり抜く。

❻⑤に④の材料をのせ、小麦粉（分量外）を水で溶いたものを周りにつけて2つに折り、周りをフォークで押さえる。

❼180℃の油で全体がきつね色になるまで揚げたら完成。

エビライスヌードル

材料 4人分

ライスヌードル（乾燥春雨）‥‥‥‥‥‥ 100g
（茹でて湯切りし冷ます）
卵 ‥‥‥‥‥‥‥‥‥‥‥‥‥‥‥‥‥‥ 2個
エビ（下処理し半分に切る）‥‥‥‥‥‥ 4尾
玉ねぎ（5mm幅にスライス）‥‥‥‥‥ 1/4個
ニラ（5cmの長さに切る）‥‥‥‥‥‥‥ 2本
にんじん（短冊切り）‥‥‥‥‥‥‥‥‥ 1/2本
カレーリーフ ‥‥‥‥‥‥‥‥‥‥‥‥‥ 1枚
にんにく（すりおろす）‥‥‥‥‥‥‥ 1～2片
しょうが（すりおろす）‥‥‥‥‥‥‥‥ 2cm
しょうゆ ‥‥‥‥‥‥‥‥‥‥‥‥‥ 小さじ1
塩 ‥‥‥‥‥‥‥‥‥‥‥‥‥‥‥‥‥ 少々
油 ‥‥‥‥‥‥‥‥‥‥‥‥‥‥‥‥‥ 大さじ

作り方

❶温めたフライパンに油、にんにく、しょうがを入れ、炒める。

❷玉ねぎ、カレーリーフ、エビを加え火が通ったら溶き卵を入れ、さっと炒める。

❸ライスヌードル、ニラ、にんじんを加えて全体が混ざったら、しょうゆと塩で味を調える。

ファラフェルサンド

（ひよこ豆コロッケのピタパンサンド）

材 料 4人分

ピタパン ‥‥‥‥‥‥‥‥2枚（一人1/2枚）
トマト（半月切りスライス）‥‥‥‥‥‥1個
きゅうり（斜め切り）‥‥‥‥‥‥‥‥1本
レタス ‥‥‥‥‥‥‥‥‥‥‥‥‥‥4枚
キャベツ（千切り）‥‥‥‥‥‥‥‥少々
玉ねぎ（くし切り）‥‥‥‥‥‥‥‥少々

＜タヒニ（ゴマ）ソース＞
タヒニ（生ゴマペースト）‥‥‥‥‥100g
ヨーグルト ‥‥‥‥‥‥‥‥‥‥大さじ5
レモン汁 ‥‥‥‥‥‥‥‥‥‥‥大さじ2
にんにく（すりおろし）‥‥‥‥‥‥1片
塩 ‥‥‥‥‥‥‥‥‥‥‥‥‥小さじ1/2
ぬるま湯 ‥‥‥‥‥‥‥‥‥‥‥‥少々

＜ヨーグルトソース＞
ヨーグルト ‥‥‥‥‥‥‥‥‥‥大さじ4
レモン汁 ‥‥‥‥‥‥‥‥‥‥‥小さじ1
にんにく（すりおろし）‥‥‥‥‥‥少々
塩、黒こしょう ‥‥‥‥‥‥‥‥各少々

Memo
Pita（ピタ）という中が袋になったパンにファラフェルなどの具材を入れたサンド、イスラエルの代表的な食べ物。ファラフェルとは、ひよこ豆を原材料とした中東のコロッケ。

＜ファラフェル16個分＞
乾燥ひよこ豆（ひと晩水につけておく）‥140g
冷凍そら豆 ‥‥‥‥‥‥‥‥‥‥‥110g
クミン ‥‥‥‥‥‥‥‥‥‥‥‥小さじ4
コリアンダーパウダー ‥‥‥‥‥‥小さじ4
パプリカパウダー ‥‥‥‥‥‥‥小さじ4
塩 ‥‥‥‥‥‥‥‥‥‥‥‥‥‥小さじ1
黒こしょう ‥‥‥‥‥‥‥‥‥小さじ2/3
にんにく（すりおろし）‥‥‥‥‥‥2片
揚げ油 ‥‥‥‥‥‥‥‥‥‥‥‥‥適量

全ての材料をミキサーに入れて、粒が残る程度に攪拌し、16個のラグビーボール状に成形にする。スプーン2つを使うと簡単に成形ができる。180℃の油で3分程、キツネ色に揚げる。

作り方

❶タヒニソース、ヨーグルトソースはいずれも全ての材料を混ぜる。

❷ピタパンを半分に切り、中を開き、内側にタヒニソースを塗る。

❸①の中にキャベツ、玉ねぎ、レタス、きゅうり、揚げたてのファラフェル4個、トマトの順に入れる。

❹ヨーグルトソースをかけて完成。

ブレカス

（チーズパイ）

材 料 （12個分）

冷凍パイシート	2枚
フェタチーズ	150g
卵黄	1/2個分
塩	少々
黒こしょう	少々
パプリカパウダー	少々
ゴマ	適量

Memo
ブレカスはトルコのユダヤ人から伝わった食べ物で、パイシートを使って簡単にできる小さいパンのようなもの。

作り方

❶パイシートを解凍して、1枚を6等分に切り分け、四角形のシートを12枚用意する。

❷フェタチーズに塩、黒こしょう、パプリカパウダーを加えてよく混ぜる。

❸②をパイシートにのせ、縦に半分に折り、ふちをフォークの背などでしっかり押さえて封をする。

❹溶いた卵黄をパイの表面に塗り、ゴマをかける。

❺180℃に温めておいたオーブンで15〜20分焼き、きれいに焼き色が付けば完成。

ナシレマ

（ココナッツミルクの炊き込みご飯）

材 料 4人分

タイ米	2カップ
しょうが（千切り）	1/2かけ
Halba（マレーシアのハーブ）	小さじ1/2
ココナッツミルク	40g
水	4カップ
塩	小さじ1

作り方

❶タイ米を研ぎ、しょうが、Halba、ココナッツミルク、水、塩を入れて混ぜ、炊飯器で炊く。

❷付け合わせとして、炒りじゃこ、ゆで卵、きゅうりなど。

ドルマ
（野菜の肉詰め）

アゼルバイジャン
Azerbaijan

材料 4人分

なす（ヘタ部分から 2cm 切る）‥‥‥‥‥‥ 4個
ピーマン（ヘタの部分から 1cm 切る）‥‥‥ 4個
トマト（ヘタの部分から 1cm 切る）‥‥‥ 4個
玉ねぎ（みじん切り）‥‥‥‥‥‥‥‥‥ 1/2個
合びき肉 ‥‥‥‥‥‥‥‥‥‥‥‥‥‥ 320 g
オリーブ油 ‥‥‥‥‥‥‥‥‥ 大さじ 2・1/2
バター ‥‥‥‥‥‥‥‥‥‥‥ 大さじ 2・1/2
塩 こしょう ‥‥‥‥‥‥‥‥‥‥‥‥‥ 少々

＜ハーブ＞
ミント ‥‥‥‥‥‥‥‥‥‥‥‥‥‥ 大さじ 1
ディル ‥‥‥‥‥‥‥‥‥‥‥‥‥‥ 大さじ 1
バジル ‥‥‥‥‥‥‥‥‥‥‥‥‥‥ 大さじ 1

作り方

❶なすは 5 分茹で中をくり抜き中身を残しておく。ピーマンは種を取る。トマトは中をくり抜き中身を残しておく。なす、ピーマン、トマトのヘタの部分はフタとして使う。

❷フライパンに分量の半分のバターとオリーブ油を入れ、ひき肉と玉ねぎを炒める。

❸②にトマトの中身と刻んだナスの中身を入れ炒め、塩・こしょう、ハーブで、味付けする。

❹くり抜いた野菜の中に③を詰めフタをする。

❺フライパンに残りのバターとオリーブ油を入れ、④の野菜を並べ低温で 30 分蒸し煮する。

野菜のクク
（オムレツ）

イラン
Iran

材 料 4人分

ほうれん草（みじん切り） ・・・・・・・・・・・ 1 カップ
にら（みじん切り） ・・・・・・・・・・・・・・・・ 1 カップ
ねぎ（みじん切り） ・・・・・・・・・・・・・・ 1/2 カップ
卵 ・・・・・・・・・・・・・・・・・・・・・・・・・・・・・・ 4 個
薄力粉 ・・・・・・・・・・・・・・・・・・・・・・・ 大さじ 2
クルミ（砕いたもの） ・・・・・・・・・・・・・ 大さじ 2
ターメリック ・・・・・・・・・・・・・・・・・・・・・・ 少々
黒こしょう ・・・・・・・・・・・・・・・・・・・ 小さじ 1
塩 ・・・・・・・・・・・・・・・・・・・・・・・・・・・・・・ 少々
サラダ油 ・・・・・・・・・・・・・・・・・・・・・ 1/2 カップ

＜飾り＞
干しぶどう ・・・・・・・・・・・・・・・・・・・・・・ 適量
ピスタチオ ・・・・・・・・・・・・・・・・・・・・・・ 適量
クルミ ・・・・・・・・・・・・・・・・・・・・・・・・・・ 適量
プチトマト ・・・・・・・・・・・・・・・・・・・・・・ 適量
パセリ ・・・・・・・・・・・・・・・・・・・・・・・・・・ 適量

作り方

❶ほうれん草、にら、ねぎをそれぞれみじん切りにする。

❷ボウルに卵4個を入れて泡立てるようによく混ぜる。

❸②に薄力粉、みじん切りにした野菜、クルミ、ターメリック、黒こしょう、塩を入れてよく混ぜる。

❹フライパンにサラダ油を入れ、油が温まったら③の材料をお好みの大きさで揚げ焼きにする。

❺片面に焼き色がついたら、裏返して反対側も弱火で焼く。

❻⑤を皿にのせ、干しぶどう、ピスタチオ、クルミ、プチトマト、パセリで飾る。

キーマカレー

ネパール
Nepal

材料 4人分

鶏ひき肉 ・・・・・・・・・・・・・・・・・・・・・・・・・・ 320g
玉ねぎ(みじん切り) ・・・・・・・・・・・・・ 1・1/2 個
クミンシード ・・・・・・・・・・・・・・・・・・・ 小さじ 1
にんにく(すりおろし) ・・・・・・・・・・・・・・ 4 片
トマトピューレ ・・・・・・・・・・・・・・・・・・・ 100g
油 ・・・・・・・・・・・・・・・・・・・・・・・・・・・ 大さじ 2
バター ・・・・・・・・・・・・・・・・・・・・・・・・・・ 40g
プレーンヨーグルト ・・・・・・・・・・・・・・・ 20ml

<スパイス>
ガラムマサラ ・・・・・・・・・・・・・・・・・・ 小さじ 3
チリ ・・・・・・・・・・・・・・・・・・・・・・・・ 小さじ 1
ターメリック ・・・・・・・・・・・・・・・・・・ 大さじ 1
コリアンダーパウダー ・・・・・・・・・・・・ 大さじ 2
カレー粉 ・・・・・・・・・・・・・・・・・・・・・ 小さじ 3
カイエンペッパー ・・・・・・・・・・・・・・・ 小さじ 1
グリーンカルダモン ・・・・・・・・・・・・・・・・ 3 粒

作り方

❶鶏ひき肉にヨーグルトを加える。

❷鍋に油を入れ、クミンを炒めて香りがでたら玉ねぎ、
にんにく、バターを入れて炒める。

❸ガラムマサラ以外のスパイスを加え、少し香りがでた
ら①を加えて 10 分以上しっかり炒める。

❹トマトピューレを加えて水分が無くなるまで炒め、
水(カップ 1)を加えて煮る。
水が少なくなれば、ヒタヒタまで水を足す。

❺塩で味を調え、ガラムマサラを加え 5 〜 10 分煮たら
完成。

Memo
グリーンカルダモンは、さやをむいて中の種子を取り出
し、砕くと香りがより強く出る。

じゃがいものアチャール
（ピクルス）

材　料 4人分

じゃがいも（さいの目切り）‥‥‥‥‥‥ 大1個
赤玉ねぎ（さいの目切り）‥‥‥‥‥‥ 1/4個
きゅうり（さいの目切り）‥‥‥‥‥‥‥ 1本
プチトマト（1/4に切る）‥‥‥‥‥‥‥ 4個
レモン汁 ‥‥‥‥‥‥‥‥‥‥‥‥‥‥‥ 少々
塩 ‥‥‥‥‥‥‥‥‥‥‥‥‥‥‥‥‥‥ 適量
サラダ油 ‥‥‥‥‥‥‥‥‥‥‥‥‥ 大さじ1
＜スパイス　各小さじ2＞
ターメリック
コリアンダー
チリパウダー
ガラムマサラ
カレー粉
フェヌグリーク（ハーブの一種クミンでもOK）

作り方

❶じゃがいもを茹で、水分を取りボウルに入れる。

❷①にきゅうり、玉ねぎ、プチトマト、レモン汁、スパイスを入れて混ぜる。

❸フライパンに油を入れて熱しフェヌグリークを入れ、フェヌグリークの色が茶色から黒色になれば火を止める。

❹③を②に油ごとかけて混ぜ合わせて完成。

豆のスープ

材　料 4人分

豆（ムスル）‥‥‥‥‥‥‥‥‥‥ 1/2カップ
玉ねぎ（みじん切り）‥‥‥‥‥‥‥‥ 1/3個
にんにく（みじん切り）‥‥‥‥‥‥‥‥ 2片
水 ‥‥‥‥‥‥‥‥‥‥‥‥‥‥‥‥ 800ml
油 ‥‥‥‥‥‥‥‥‥‥‥‥‥‥‥‥ 大さじ1
塩 ‥‥‥‥‥‥‥‥‥‥‥‥‥‥‥‥ 小さじ2
クミン ‥‥‥‥‥‥‥‥‥‥‥‥‥‥ 小さじ1

作り方

❶圧力鍋に豆、水、塩を入れて蒸気が出たら火を止める。

❷フライパンに油とクミン、にんにくを入れて香りがでたら玉ねぎを入れて炒める。

❸玉ねぎの色が茶色に変われば①の鍋に入れ20分煮込んで完成。

Memo
圧力鍋を使うと豆が早く柔らかくなる。

中華料理

中国
China

蠶豆筍片
ツァントウ スンペェン
（そら豆とたけのこのミンチ炒め）

材 料 4人分

そら豆 ・・・・・・・・・・・・・・・・・・・・・・・・・・ 1カップ
たけのこ（スライスして湯がく）・・・・・ 小1個
豚ひき肉 ・・・・・・・・・・・・・・・・・・・・・・・・・ 100g
ザーサイ（みじん切り）・・・・・・・・・・・・ 大さじ3
青ねぎの白い部分(みじん切り)・・・・・ 大さじ2
青ねぎ（小口切り）・・・・・・・・・・・・・・・ 大さじ3
＜調味料＞
しょうゆ ・・・・・・・・・・・・・・・・・・ 大さじ1・1/2
砂糖 ・・・・・・・・・・・・・・・・・・・・・・・・・・・ 小さじ1
うまみ調味料 ・・・・・・・・・・・・・・・・・・・・・・ 少々
こしょう ・・・・・・・・・・・・・・・・・・・・・・・・・・ 少々
ゴマ油 ・・・・・・・・・・・・・・・・・・・・・・・・ 大さじ1
酒 ・・・・・・・・・・・・・・・・・・・・・・・・・・・・ 大さじ1
水 ・・・・・・・・・・・・・・・・・・・・・・・・・・・・ 大さじ2

作り方

❶油を熱し、みじん切りしたねぎを炒めて香りがでたら、ザーサイ、豚ひき肉を炒める。

❷肉の色が変わったら、そら豆、たけのこを入れて調味料で味付けする。

❸水分を飛ばして、小口切りした青ねぎを散らして完成。

Memo
生のザーサイがなければ、味付けザーサイでもOK。

梅子蒸鱈魚片
メイツ ツェン シェユイペェン
（蒸し魚）

材 料 4人分

タラ ・・・・・・・・・・・・・・・・・・・・・・・・・・・ 4切れ
白ねぎ（千切り）・・・・・・・・・・・・・・・・・・・ 1本
しょうが（千切り）・・・・・・・・・・・・・・・・・ 10g
サラダ油 ・・・・・・・・・・・・・・・・・・・・・・・・・・ 適量
＜調味料＞
梅干し（つぶす）・・・・・・・・・・・・・・・・・・ 6個
砂糖 ・・・・・・・・・・・・・・・・・・・・・・・・・・・ 大さじ2
酒 ・・・・・・・・・・・・・・・・・・・・・・・・・・・・ 大さじ1
水 ・・・・・・・・・・・・・・・・・・・・・・・・・・・・ 大さじ2
ゴマ油 ・・・・・・・・・・・・・・・・・・・・・・・・ 小さじ1

作り方

❶タラに軽く塩をする。

❷クッキングペーパーにタラをのせて調味料を加え、8分間蒸す。

❸タラを皿に移して上に針しょうが、白髪ねぎをのせる。

❹サラダ油を熱し油煙がでたら、タラの上からかけて完成。

Memo
白身魚なら何でもOK。

干貝青江菜
（チンゲン菜炒め）

材 料 4人分

チンゲン菜 ・・・・・・・・・・・・・・・・・・・・・・・・・ 3株
干し貝柱（水でもどす）・・・・・・・・・・・・・・ 3個
干しエビ（水でもどす）・・・・・・・・・・・・ 大2尾
ねぎ（ぶつ切り）・・・・・・・・・・ 4本（白い部分）
クコの実（軽く水洗い）・・・・・・・・・・・・・・・ 少々
中華スープ ・・・・・・・・・・・・・・・・・・・・・・ 1カップ
水溶き片栗粉 ・・・・・・・・・・・・・・・・・・・・・・・・ 少々
＜調味料＞
塩 ・・・・・・・・・・・・・・・・・・・・・・・・・・・・ 小さじ 1/2
こしょう ・・・・・・・・・・・・・・・・・・・・・・・・・・・・ 少々
うまみ調味料 ・・・・・・・・・・・・・・・・・・・・・・・・ 少々

作り方

❶チンゲン菜は葉と茎を切り離し、茎の部分は大きさにより縦半分か1/4に切る。

❷中華鍋に油（分量外）を熱し、ねぎを炒めて香りがでたら、干し貝柱、干しエビ、チンゲン菜を炒める。

❸スープに調味料とクコの実を入れて沸騰したら、水溶き片栗粉でとろみをつける。

❹②を皿に盛り、③をかけて完成。

宮保蝦仁
（エビのピーナッツ炒め）

材 料 4人分

エビ ・・・・・・・・・・・・・・・・・・・・・・・・・・・・ 300g
ピーナッツ・・・・・・・・・・・・・・・・・・・・・・・ 大さじ3
唐辛子 ・・・・・・・・・・・・・・・・・・・・・・・・・・・・ 3本
にんにく（みじん切り）・・・・・・・・・・・ 大さじ1
しょうが（みじん切り）・・・・・・・・・・・ 大さじ1
塩・こしょう、酒、片栗粉 ・・・・・・・・・・ 各適量
＜調味料＞
しょうゆ ・・・・・・・・・・・・・・・・・・・・・・・・ 大さじ1
砂糖 ・・・・・・・・・・・・・・・・・・・・・・・・・・・ 大さじ1
ウスターソース ・・・・・・・・・・・・・・・・・・ 大さじ1
ゴマ油 ・・・・・・・・・・・・・・・・・・・・・・・・・ 小さじ2
水溶き片栗粉 ・・・・・・・・・・・・・・・・・・・・・・・・ 少々

作り方

❶エビは皮をむき、深く切り込んで背ワタを取る。

❷エビに塩・こしょう、酒、片栗粉を揉みこんで表面の色が変わる程度に油通しする。

❸フライパンに油（分量外）を熱し唐辛子を黒くなるまで炒める。

❹黒くなったら、にんにく、しょうがを入れ香りがでたら、エビを入れて調味料で味付けして、水溶き片栗粉でとろみをつける。

❺火を止めピーナッツを絡めて完成。

中華料理

材　料　4人分

高菜漬（茎のみ）・・・・・・・・・・・・・・・・・・・ 150ｇ
干ししいたけ（水で戻して1cm幅に切る）‥6枚
豚肉（一口カツ用）(1cm幅の長さ5cmに切る) 150g
青ねぎ（白い部分のみを5cmの長さに切る）適量
かんぴょう ・・・・・・・・・・・・・・・・・・・・・・・・・・ 適量

柴把酸菜湯
（高菜のスープ）

＜スープ＞
水 ・・・・・・・・・・・・・・・・・・・・・・・・・・・ 6カップ
塩 ・・・・・・・・・・・・・・・・・・・・・・・・・・・ 小さじ1
うまみ調味料 ・・・・・・・・・・・・・・・・・・・・・ 少々

作り方

❶高菜を洗って5cmの長さに切る。

❷高菜、干ししいたけ、豚肉、青ねぎを1つずつ束にしてかんぴょうでしっかり結ぶ。

❸水（干ししいたけの戻し汁も混ぜる）を沸騰させて②を入れ、再び沸騰したら火を弱めてゆっくり煮る。

❹かんぴょうが柔らかくなったら塩、うまみ調味料で味付ける。

チャンツーパイチ
薑汁白鶏
（蒸し鶏）

材　料　4人分

鶏もも肉 ・・・・・・・・・・・・・・・・・・・・・・・ 大3枚
レモン（飾り用）・・・・・・・・・・・・・・・・・・・ 1個
＜スープ＞
鶏ガラスープ ・・・・・・・・・・・・・・・・・・ 2カップ
酒 ・・・・・・・・・・・・・・・・・・・・・・・・・・・ 大さじ2
塩 ・・・・・・・・・・・・・・・・・・・・・・・・・・・ 小さじ1
こしょう ・・・・・・・・・・・・・・・・・・・・・・・・ 少々
うまみ調味料 ・・・・・・・・・・・・・・・・・・・・・ 少々
＜調味料＞
酢 ・・・・・・・・・・・・・・・・・・・・・・・・・・・ 大さじ1
しょうが汁 ・・・・・・・・・・・・・・・・・・・・・ 大さじ1
しょうゆ ・・・・・・・・・・・・・・・・・・・・・・・ 大さじ3
ゴマ油 ・・・・・・・・・・・・・・・・・・・・・・・・ 小さじ2
うまみ調味料 ・・・・・・・・・・・・・・・・・・・・・ 少々

作り方

❶鍋に鶏肉が十分浸かるくらいの湯を沸騰させ、鶏もも肉を入れて15分茹でる。

❷ボールに熱い鶏ガラスープとスープの材料を入れて混ぜ、鶏肉を入れて冷めるまでおく。

❸鶏肉が冷めたらぶつ切りにして、合わせた調味料をかけて完成。レモンやパクチーで飾る。

材料 4人分

マグロ（1cmの角切り） ・・・・・・・・・・・・・・・ 350g
きくらげ（水で戻し1cmの角切り）・・・ 大さじ 3
じゃがいも（1cmの角切りで湯がく）・・・・・ 1個
ピーナッツ（粗みじん切り）・・・・・・・ 1/2 カップ
レタス・・・・・・・・・・・・・・・・・・・・・・・・・・・・・ 適量

生菜魚髭
（マグロのレタス包み）

<マグロの下味>
しょうが汁 ・・・・・・ 適量
片栗粉 ・・・・・・・・・ 適量
酒 ・・・・・・・・・・・ 適量
塩 ・・・・・・・・・・ 少々

<調味料>
しょうゆ ・・・・・・ 大さじ 1
うまみ調味料・・・・・ 少々
塩・・・・・・・・・ 小さじ 1/2
ゴマ油 ・・・・・ 小さじ 1

作り方

❶マグロに下味をつけて表面の色が変わる程度に油通しする。

❷サラダ油を熱し、きくらげ、じゃがいも、マグロの順に炒めて調味料で味付けする。

❸②とピーナッツとレタスを分けて盛り付ける。

❹レタスに具とピーナッツを散らし包んでいただく。

鼓汁藕餅
（れんこんの挟み揚げ）

材料 4人分

れんこん・・・・・・・・・・・・・・・・・・・・・・・・・・ 300g
ねぎの白い部分（みじん切り）・・・・・・・ 大さじ 1
にんにく（みじん切り）・・・・・・・・・・・ 大さじ 1
豆鼓 ・・・・・・・・・・・・・・・・・・・・・ 大さじ 1
片栗粉・・・・・・・・・・・・・・・・・・・・・・・・・・・ 適量
サラダ油・・・・・・・・・・・・・・・・・・・・・・・・・・ 適量
青ねぎ（小口切り）・・・・・・・・・・・・・・・・・少々
<A>
豚ひき肉 ・・・・・・・・・・・・・・・・・・・・・ 150g
エビ ・・・・・・・・・・・・・・・・・・・・・・・・・・ 75g
くわい（みじん切り）・・・・・・・・・・・・・・ 4個
卵黄 ・・・・・・・・・・・・・・・・・・・・・・・・ 1個分
ゴマ油 少々・片栗粉 ・・・・・・・・・ 大さじ 1/2
塩・こしょう ・・・・・・・・・・・・・・・・・・・・ 少々
<B>

カキ油・・・・ 小さじ 1	しょうゆ・・ 大さじ 1
砂糖 ・・・・・ 小さじ 1	こしょう ・・・・・ 少々
水 ・・・・・ 大さじ 2	紹興酒・・ 大さじ 1/2

作り方

❶エビは背ワタを除きすり身に近いみじん切りにする。

❷れんこんは皮をむき、5mm 幅に切って水にさらす。

❸A を同方向によく混ぜる。

❹れんこんの水気をよく取り、片栗粉をまんべんなくまぶして③を挟み、片栗粉をつけて揚げる。

❺サラダ油を熱し、ねぎ、にんにく、豆鼓を炒めて香りがでたら B を加えて沸かし、④を入れて絡める。

❻青ねぎを散らして完成。

薬膳料理

山芋黒ゴマグリル３種

材料 4人分

山芋 ······························ 12㎝
スライスチーズ ······ 4枚(ABCの合計使用分)
黒ゴマ ·········· 大さじ1(ABCの合計使用分)

＜A材料＞

味噌 ······ 小さじ1	スライスチーズ 1・1/3枚
黒ゴマ ··· 小さじ1	ミニトマト ···· 2個

＜B材料＞

粉山椒 ·· 小さじ1/2	桜エビ ···· 3〜5尾
スライスチーズ 1・1/3枚	黒ゴマ ······ 小さじ

＜C材料＞

梅干し··1〜2個(叩く)	じゃこ ··· 小さじ1
スライスチーズ 1・1/3枚	黒ゴマ ··· 小さじ1

作り方

❶山芋は1㎝幅に切って、うすく皮をむく。

❷黒ゴマは指先ですりつぶす。

❸オーブンシートを敷いた天板に①を並べてABCの3種の具材を順番通りに山芋にのせる。

❹170℃に余熱したオーブンで10分焼く。

❺葉などを敷いた皿に山芋を並べて完成。

鯵とキャベツのベトナムライス

材料 4人分

米 ···························· 2合	
鯵（あじ）（三枚おろし） ·············· 4尾	
ナンプラー（鯵用） ············· 大さじ3	
長ねぎ·········1本	レモン汁 ·· 1/4個分
サラダ油 ······ 適量	塩 ·········· 適量
キャベツ ······ 6枚	ミント ······· 適量
ナンプラー ·· 大さじ1	レモン 1/2個(くし形)

作り方

❶ご飯を炊いておく。長ねぎは10㎝に切り、斜めの白髪ねぎを作り、水にさらしておく。

❷キャベツは7㎜幅の千切りにして塩で揉む。しんなりすれば水気を絞ってレモン汁とナンプラーで和える。

❸鯵は、フライパンにサラダ油を熱して皮から焼き、返して両面を焼く。バットに取りナンプラー（分量外）をかけておく。

❹ご飯を器に盛り、②のキャベツ、鯵、さらに白髪ねぎとミントをのせ、レモンを添えて完成。

白きくらげと落花生の
炊き込みご飯

材料 4人分

米 ·········· 2合	酒 ······ 大さじ2
白きくらげ······ 7g	セロリ ······ 1/2本
落花生(皮つき)··40g	じゃこ ··· 大さじ1
しょうゆ·· 小さじ2	

作り方

❶白きくらげを水に15分つけて戻し、さっと洗ってザルに上げてザックリと分ける。

❷落花生と白きくらげをしょうゆと酒に15分程浸して下味をつける。炊飯器に米と一緒に入れて炊く。

❸セロリとじゃこを油でさっと炒めてしょうゆ小さじ1（分量外）で味付けし、ご飯にのせて完成。

Hello! from フィリピン

Philippines

GENESIS CHUA さん

フィリピン出身
ACA で日本語学習中
2007 年 7 月来日

　インターナショナルスクールで忙しく働いているジェンさん。日本語を使う機会が少なかったそうですが、もっと話せるようになりたいと、3 年前から ACA で日本語の勉強に熱心に取り組んでいます。

フィリピンの食生活の昨今

　フィリピンの日常の食生活は、毎日白米を食べます。朝食には炒飯とソーセージや、鶏肉入りのおかゆなど。米料理は作るのに時間がかかるので外で買うことが多いです。Champorado（チャンポラード）というチョコレート味のおかゆもあります。

　日本では Sinigang na Hipon（シニガン）、エビ入りの酸っぱいスープをたまに作ります。殻付きのエビとタマリンドパウダーを使います。

　日本に来て 15 年経ちますが、その間にフィリピンの生活スタイルも変わりました。古い世代の人は野菜を多く食べていましたが、若い世代は肉が好きで野菜を食べません。
日本の若い人達は野菜を沢山食べるのでびっくりしています。

公用語 フィリピノ語・英語
人口 約1億958万人
フィリピン
セブ
ダバオ

地図は外務省 HP より引用

代表的な料理

◆ Adobo（アドボ）
豚のバラ肉または鶏肉をしょうゆと酢で煮る。味付けは濃いめ。フィリピンのしょうゆは、日本のしょうゆと比べて甘みが少なく、塩気が強い。

◆ Bicol Express（ビコール・エクスプレス）
豚肉をグリーンペッパーとココナッツミルク、エビの出汁で煮る。

◆ Kare-kare（カレカレ）
牛テールをピーナッツソースで煮込んだシチュー。

◆ Leche Flan（レチェ・フラン）
カスタードプリン、デザートによく食べる。

　フィリピンに帰ったら Jollibee（ジョリビー）のフライドチキンが食べたいです。ジョリビーは人気のあるファストフード店ですが、日本に多くある KFC との違いは、ご飯を添えたセットメニューがあり、フィリピンの伝統的な食べ物の、Palabok（パラボック）というビーフンなども販売しています。フィリピンに旅行に行ったら、是非ジョリビーに行ってみてください。

Adobo（アドボ）

Kare-kare（カレカレ）

ヨーロッパ編
Europe

コテージパイ
（じゃがいもと牛ひき肉の重ね焼き）

イギリス
England

材 料 4人分

じゃがいも ‥‥‥‥‥‥‥‥‥‥‥‥ 3個	
ローリエ ‥‥‥‥‥‥‥‥‥‥‥‥ 1枚	
玉ねぎ（粗みじん切り）‥‥‥‥‥ 1/4個	
にんじん（粗みじん切り）‥‥‥‥ 1/2本	
牛ひき肉 ‥‥‥‥‥‥‥‥‥‥ 250g	
グリーンピース ‥‥‥‥‥‥‥‥ 25g	
赤ワイン ‥‥‥‥‥‥‥‥‥‥ 25ml	
カレー粉 ‥‥‥‥‥‥‥‥‥‥ 小さじ1	
ナツメグ ‥‥‥‥‥‥‥‥‥‥‥ 少々	
サラダ油‥‥‥‥‥‥‥‥‥‥‥ 大さじ2	
粉チーズ ‥‥‥‥‥‥‥‥‥‥‥ 適量	

＜A 材料＞
バター‥ 50g、牛乳‥100ml、塩・こしょう 少々
＜B 材料＞
トマト缶 ‥‥‥‥‥‥‥‥‥‥ 100g
トマトケチャップ ‥‥‥‥‥‥ 大さじ1/2
ウスターソース‥大さじ2、薄力粉大さじ‥1/2

作り方

❶茹でたじゃがいもをつぶし、Aを加えてマッシュポテトを作る。

❷フライパンにサラダ油、ローリエを入れ中火で玉ねぎ、にんじんを炒める。

❸②にひき肉を加えて強火で炒め、カレー粉、ナツメグを入れひと混ぜし、赤ワイン、Bを入れて更に炒めた後、グリーンピースを加える。

❹耐熱皿に③を入れ、上からマッシュポテトをのせて粉チーズをふりかけ、フォークで縦のスジ模様をつける。

❺220℃のオーブンで約20分、表面に軽く焦げ目がつくまで焼く。

サーモンと野菜のオーブン焼き

材　料 4人分

鮭の切り身 ・・・・・・・・・・・・・・・・・・・・・・・・・・ 4切

＜A野菜 (一口大に切る)＞
赤玉ねぎ ・・・・・・・・・・・・・・・・・・・・・・・・・・ 1個
赤パプリカ ・・・・・・・・・・・・・・・・・・・・・・・・ 1個
ニラ ・・・・・・・・・・・・・・・・・・・・・・・・・・・・ 1/2束
にんじん ・・・・・・・・・・・・・・・・・・・・・・・・・・ 1本
ズッキーニ ・・・・・・・・・・・・・・・・・・・・・・・・ 1本

オリーブ油 ・・・・・・・・・・・・・・・・・・・・ 大さじ4
乾燥タイム ・・・・・・・・・・・・・・・・・・・・ 小さじ1
オレガノ ・・・・・・・・・・・・・・・・・・・・・・ 小さじ1
塩・こしょう ・・・・・・・・・・・・・・・・・・・・・・ 少々
レモン ・・・・・・・・・・・・・・・・・・・・・・・・・ 1/2個
ローズマリー (飾り用) ・・・・・・・・・・・・・・ 適量

作り方

❶ ボウルにAの野菜、オリーブ油、乾燥タイム、オレガノ
を入れてよく混ぜる。

❷ 耐熱皿に①を入れ、スプーンで水を数滴たらす。

❸ ②の上に鮭の切り身を置いて、塩・こしょうし、さらに
レモン汁をかける。

❹ ③をアルミホイルで覆って200℃に予熱したオーブン
で30 ～ 40分焼く。

❺ 焼き上がった料理にローズマリーを飾る。

ボルシチ & サラダ

ラトビア
Latvia

材料 4人分

＜ボルシチ＞
牛肉（カレー用）‥‥‥‥‥‥‥‥‥‥ 200ｇ
ビーツ ‥‥‥‥‥ 大2個（缶詰1缶でもOK）
じゃがいも（一口大）‥‥‥‥‥‥‥ 大2個
にんじん （一口大）‥‥‥‥‥‥‥‥ 1本
キャベツ（一口大）‥‥‥‥‥‥‥‥ 1/4玉
水 ‥‥‥‥‥‥‥‥‥‥‥‥‥‥‥ 1500ml
ローリエ ‥‥‥‥‥‥‥‥‥‥‥‥‥ 2枚
塩、黒こしょう ‥‥‥‥‥‥‥‥‥‥ 少々
ハーブ‥適量（ネギ、バジル、パセリ、ディルなど）
サワークリーム ‥‥‥‥‥‥‥‥‥ 大さじ4

Point
肉は赤身ではなく、少し脂肪がある方が美味しい。

＜サラダ＞
きゅうり ‥‥‥‥‥‥‥‥‥‥‥ 1・1/2本
トマト ‥‥‥‥‥‥‥‥‥‥‥‥‥‥ 2個
サワークリーム ‥‥‥‥‥‥‥‥‥ 大さじ3
ハーブミックス ‥‥‥‥‥‥‥‥ 一握りくらい
（ネギ、バジル、パセリ、ディル）など
塩・こしょう ‥‥‥‥‥‥‥‥‥‥‥ 少々

作り方

＜ボルシチ＞
❶湯を沸かした鍋に肉を入れて、柔らかくなるまで煮る。

❷生のビーツは洗って、皮ごと水から柔らかくなるまで茹で、楊枝をさしてすっと中まで通れば、冷水にとり、冷えたら皮をむいて5mmの薄切りにしておく。

❸①の肉が柔らかくなったら、にんじん、じゃがいも、キャベツを加える。

❹野菜が柔らかくなったら②を加える。

❺ローリエとハーブを加え、塩、黒こしょうで味を調える。

❻フタをして弱火で10分ほど煮込む。

❼皿に盛り付けサワークリームをかけ、パセリやハーブのみじん切りを散らす。

Memo
ラトビアでは、サワークリームを添えて食べることが多い。

＜サラダ＞
❶トマトときゅうりは一口大の乱切りにする。

❷ボウルに全ての材料を入れ、混ぜて完成。

パンネクック

（菜の花とエダムチーズのパンケーキ）

オランダ
Netherlands

材料 4人分

じゃがいも（皮をむく）・・・・・・・・・・・・・・・180 g

＜パンケーキの材料＞
牛乳・・・・・・・・・・・・・・・・・・・・・・・・・・・120 ml
薄力粉・・・・・・・・・・・・・・・・・・・・・・・・・・・ 40 g
卵黄・・・・・・・・・・・・・・・・・・・・・・・・・・・ 4個分
卵白・・・・・・・・・・・・・・・・・・・・・・・・・・・ 2個分
塩・・・・・・・・・・・・・・・・・・・・・・・・・・・・・ 少々

菜の花・・・・・・・・・・・・・・・・・・・・・・・・・・・ 4本
粉チーズ（エダム）・・・・・・・・・・・・・・・・・ 40 g
ベーコン・・・・・・・・・・・・・・・・・・・・・・・・・ 60 g
オリーブ油・・・・・・・・・・・・・・・・・・・・・・・ 適量

作り方

❶じゃがいもを1.5 cm幅に切り10分茹でる。

❷①とパンケーキの材料をフードプロセッサーにかけムース状にする。

❸フライパンに油を入れ、②の1/4の量を流し、粉チーズ、菜の花、ベーコンを上に並べ焼き、ひっくり返して油を少量加えて焼く。（4枚焼く）

❹皿にのせ、オリーブ油、粉チーズを適量ふりかけて完成。

トマト・オ・クルヴェット
（トマトの詰め物）

材 料 4人分

トマト（ヘタの部分を切り果肉をくり抜く）‥4個
レタス ・・・・・・・・・・・・・・・・・・・・・・・・・・・10枚
エビ（茹でてさいの目切り）・・・・・・・・・・ 100g
マヨネーズ ・・・・・・・・・・・・・・・・・ 1/2 カップ
塩・こしょう ・・・・・・・・・・・・・・・・・・・・・・ 少々
パセリ（みじん切り）・・・・・・・・・・・・ 1/4 カップ

作 り 方

❶トマトに塩をふりかけ逆さまにし、ペーパータオルで
水分をとる。

❷マヨネーズとエビを混ぜ合わせ、塩・こしょうで味付
けする。

❸トマトにこしょうをかけ②を中に詰める。

❹皿に 2~3 枚のレタスを敷き、中央に③を置き、パセリ
を振りかける。トマトのヘタを飾る。

タラのマスタードソース
仕立て

材 料 4人分

タラ（1切約150g）・・・・・・・・・・・・・・・・・・・ 4切
にんじん（スティック状に細かく刻む）・・・・ 3本
ブロッコリー（茹でる）・・・・・・・・・・・・・・・ 適量
じゃがいも（6等分にしてソテーする）・・・・ 6個
パセリ ・・・・・・・・・・・・・・・・・・・・・・・・・・・ 適量
しょうが（千切り）・・・・・・・・・・・・・・・・ 1かけ
白ワイン ・・・・・・・・・・・・・・・・・・・・・・ 80ml
生クリーム ・・・・・・・・・・・・・・・・ 3/4 カップ
マスタード ・・・・・・・・・・・・・・・・ 大さじ 1・1/2
塩・こしょう ・・・・・・・・・・・・・・・・・・・・・ 適量
無塩バター ・・・・・・・・・・・・・・・ 大さじ 2・1/2

作 り 方

❶フライパンにバターを入れ、しょうがを軽く炒める。

❷①に、にんじんを入れ、塩・こしょうし、水を少量加え
る。

❸耐熱皿に②のにんじんとタラを入れ、白ワインを加え、
塩・こしょうし、アルミホイルをかけ 200℃のオーブン
で 30 分焼く。

❹温めた生クリームにマスタードを混ぜソースを作る。

❺タラの上にソースをのせ、ブロッコリーとじゃがいも
を添え、パセリを飾る。

スペアリブのアイスヴァイン風

材 料 4人分

豚スペアリブ(骨を外して一口大に切る)‥600ｇ
玉ねぎ（4等分に切る）・・・・・・・・・・・・・・・1個
小かぶら（皮をむき半分に切る）・・・・・・・・2個
セロリ（筋を取り10㎝幅に切る）・・・・・・・1本
プチトマト・・・・・・・・・・・・・・・・・・・・・・・・8個
にんじん（皮をむき縦半分に切る）・・・・・・1本
イタリアンパセリ・・・・・・・・・・・・・・・・・・・少々
粒マスタード・・・・・・・・・・・・・・・・・・・お好みで
＜ボイル用の水＞
水 ・・・・・・・・・・・・・・・・・・・・・・・・・・・2000ml
ローリエ・・・・・・・・・・・・・・・・・・・・・・・・・1枚
＜酵素ピューレ＞
キウイ(すりおろし)・・・・・・・・・・・・・・・・1個
にんにく（スライス）・・・・・・・・・・・・・・・1/2片
黒こしょう・・・・・・・・・・・・・・・・・・・・・・・少々
塩 ・・・・・・・・・・・・・・・・・・・・・・・・・・・・・・20ｇ
砂糖 ・・・・・・・・・・・・・・・・・・・・・・・・・・・10ｇ
全ての材料を混ぜる。

作り方

＜前日＞
スペアリブをビニール袋に入れ酵素ピューレを加えて揉みこみ、ひと晩冷蔵庫に入れる。

＜当日＞
❶スペアリブを取り出し流水で洗い流す。

❷①と玉ねぎ、かぶら、セロリ、プチトマト、にんじんをボイル用の水に入れて火にかける。

❸野菜が柔らかくなったら豚肉も一緒に取り出し、器に盛り付けて、イタリアンパセリを飾る。お好みで粒マスタードをつけていただく。

Memo
茹で汁はスープにすると美味しい。

イタリア料理

材 料 5人分

にんじん ・・・・・・・・・・・・・・・・・・・・・・・・・	1本
きゅうり ・・・・・・・・・・・・・・・・・・・・・・・・・	1本
ブロッコリー ・・・・・・・・・・・・・・・・・・・・・	1房
じゃがいも ・・・・・・・・・・・・・・・・・・・・・・	1個
いんげん豆・・・・・・・・・・・・・・・・・・・・・・	15本
ラディッシュ ・・・・・・・・・・・・・・・・・・・・・	10個
ゆで卵 (半分にカット) ・・・・・・・・・・・・・	3個

\<ソース\>

にんにく ・・・・	100g	牛乳・・・・・・・・	適量
アンチョビ ・・・・	20g	水・・・・・・・・・・	適量
無塩バター ・・・・	15g	ローリエ ・・・・	1/2枚
オリーブ油 ・・	30ml		

イタリア
Italy

色々野菜の
バーニャカウダ

作り方

❶野菜は食べやすい大きさに下処理しておく。

❷にんにくをヒタヒタより少し多めの水で3回茹でこぼす。

❸②をヒタヒタより少し多めの水と同量の牛乳、ローリエを加えて柔らかくなるまで弱火で煮て、ザルにあげて水分を切る。

❹③とアンチョビ、バター、オリーブ油を入れてミキサーで回す。

❺皿に野菜とゆで卵を盛り付けて、温めた④を添えて完成。

Memo
ミキサーの代わりに包丁で叩いてもOK。

ペンネ・ボロネーゼ

材 料 5人分

合びき肉(粗びき) ・・・・・・・・・・・・・・・・・・・	300g
ペンネ ・・・・・・・・・・・・・・・・・・・・・・・・・・・	300g
ホールトマト缶 ・・・・・・・・・・・・・・・・・・・	500g
玉ねぎ(みじん切り) ・・・・・・・・・・・・・・	1/4個
にんじん(みじん切り) ・・・・・・・・・・・・・	1/4本
セロリ(みじん切り) ・・・・・・・・・・・・・・	1/4本
赤ワイン ・・・・ 100ml	

ローリエ ・・・・・・	1枚	粉チーズ ・・・・・・	適量
塩・こしょう ・・・・	適量	オリーブ油 ・・・・	適量
バター ・・・・・・・	少々	パセリ(みじん切り)	適量

Memo
ひき肉は肉がつぶれると肉汁が出るのであまり混ぜずに焼く。

作り方

❶鍋にオリーブ油で玉ねぎ、にんじん、セロリを弱火で炒めて塩少々を入れ、少し色づくまで炒める。

❷別鍋にオリーブ油を熱し、ひき肉を入れあまり動かさないように表面を焼く。

❸全体に焼き色がついたら、塩・こしょうをして赤ワインを入れ、ワインの水分をしっかりと煮詰めて旨みを肉に移す。

❹③に裏ごししたホールトマト、ローリエ、①を加えて沸騰するまで強火にし、その後は弱火にして30〜40分煮る。

❺袋の記載通りにペンネを茹でる。

❻茹で上がったペンネをミートソースに入れて、バター、粉チーズ、塩・こしょうで味を調える。最後にパセリをかけて完成。

鮮魚のアクアパッツァ

材 料 5人分

鮮魚（鱗と内臓を処理した白身魚）‥ 1尾 500g
ミニトマト ‥‥‥‥‥‥‥‥‥‥‥ 10個
にんにく ‥‥‥‥‥‥‥‥‥‥‥‥ 1片
塩水（塩分濃度1％）‥‥‥‥‥ 300〜400ml
オリーブ油 ‥‥‥‥‥‥‥‥‥‥‥ 適量
パセリ（みじん切り）‥‥‥‥‥‥‥ 適量
塩・こしょう ‥‥‥‥‥‥‥‥‥‥ 適量

Memo
骨からうま味が出るので骨つきの切り身魚でもOK。

作り方

❶下処理した魚の両面に塩・こしょうをして、熱したフライパンにオリーブ油とにんにくを入れ、にんにくが色づいたら魚を入れて両面をきつね色に焼く。

❷①にミニトマトと塩水を入れ、フタをして、時々頭に汁をかけながら水分が半量になるまで煮詰める。

❸②にオリーブ油を入れて乳化させるようにフライパンを軽くゆすって仕上げる。

❹パセリをちらして完成。

サラーメ・ディ・チョコラート

材 料 5人分

クッキー（1cm角に砕く）‥‥‥‥‥‥ 60g
無塩バター ‥‥‥‥‥‥‥‥‥‥‥‥ 40g
グラニュー糖 ‥‥‥‥‥‥‥‥‥‥‥ 40g
卵黄 ‥‥‥‥‥‥‥‥‥‥‥‥‥‥ 1個分
エスプレッソ
（または、濃いめのインスタントコーヒー）
‥‥‥‥‥‥‥‥‥‥‥‥‥‥‥‥ 50ml
カカオパウダー ‥‥‥‥‥‥‥‥‥‥ 40g

作り方

❶バターを常温でクリーム状にして、グラニュー糖を入れて白っぽくなるまでかき混ぜる。

❷卵黄、エスプレッソを入れて混ぜ、カカオパウダーをふるいながら入れて、更にかき混ぜる。

❸砕いたクッキーを混ぜ合わせ、ラップの上にのせて棒状にして冷蔵庫で寝かせる。

❹③を2cmの厚さにカットして完成。

Memo
お好みでドライフルーツやラム酒などのリキュールを入れてもOK。

イタリア料理

トマトのブルスケッタ

材 料 5人分

トマト（湯むきして種を除き1cm角にカット）
・・・・・・・・・・・・・・・・・・・・・・・・・・・・・・・・・・2個
にんにく（みじん切り）・・・・・・・・・・・・・・・少々
バジル（小さく手でちぎる）・・・・・・・・・・・・5枚
オリーブ油・・・・・・・・・・・・・・・・・・・・・・・30ml
バゲットの薄切り
（焼いて、にんにくで香りをつける）・・・・・10枚
塩・こしょう・・・・・・・・・・・・・・・・・・・・・・少々

作り方

❶ボウルにトマト、にんにく、バジルを入れ塩・こしょうして混ぜ合わせる。

❷①にオリーブ油を加えて乳化させ、バゲットにのせる。

❸お好みでバジルをトッピングする。

Point

・トマトの湯むきはフレッシュさを残すため、湯につけすぎない。

・トマトの味がもの足りなければ、ホールトマトと砂糖を少し入れて味を調節する。

・バジルは金けを嫌うので手でちぎる。

・魚・肉料理のソースや付け合わせにも応用可。

材 料 5人分

鯖（頭と内臓を取る）・・・・・・・・・・・・・・・・1本
水 ・・・・・・・・・・・・・・・・・・・・・・・・・・・1500ml
塩・・・・・・・・・・・・・・・・・・・・・・・・・・・・・75g
酢・・・・・・・・・・・・・・・・・・・・・・・・・・・・300ml
ローリエ・・・・・・・・・・・・・・・・・・・・・・・・・1枚
パン・・・・・・・・・・・・・・・・・・・・・・・・・・・・適量
新玉ねぎ（スライスして水にさらす）・・・・1/2個
ピーマン（スライスする）・・・・・・・・・・・・・1個

鯖のパニーニ

トマト（スライスする）・・・・・・・・・・・・・・・1個
アンチョビ・・・・・・・・・・・・・・・・・・・・・・・適量
オリーブ油・・・・・・・・・・・・・・・・・・・・・・・適量

作り方

❶水に塩、酢、ローリエを入れて沸騰したら火を止めて、鯖を入れフタをして約1時間つけおく。

❷鯖の内部まで火が通れば、骨と血合いを外す。

❸パンに具材を挟んで、オリーブ油をかけて完成。

材　料 5人分

豚肩ロース（1切 約80ｇ）‥‥‥‥‥‥‥ 5切
塩・こしょう ‥‥‥‥‥‥‥‥‥‥‥‥‥‥ 少々
薄力粉・オリーブ油 ‥‥‥‥‥‥‥‥‥ 各適量
白ワイン ‥‥‥‥‥‥‥‥‥‥‥‥‥‥‥ 50ml
モッツァレラチーズ ‥‥‥‥‥‥‥‥‥ 100ｇ
オレガノ（ドライ）‥‥‥‥‥‥‥‥‥‥ 少々
パセリ（みじん切り）‥‥‥‥‥‥‥‥‥ 少々
＜ソース＞
にんにく（みじん切り）‥‥‥‥‥‥‥‥ 少々
オリーブ油 ‥‥‥‥‥‥‥‥‥‥‥‥‥‥ 適量
黒オリーブ ‥‥‥‥‥‥‥‥‥‥‥‥ 大さじ2
ケッパー ‥‥‥‥‥‥‥‥‥‥‥‥‥ 大さじ2
アンチョビ（粗みじん切り）‥‥‥‥‥ 3切れ
ホールトマト（裏ごししたもの）‥‥‥ 500ml
唐辛子 ‥‥‥‥‥‥‥‥‥‥‥‥‥‥‥‥ 1本

豚肉のピッツァ職人風

作り方

❶＜ソースを作る＞
鍋にオリーブ油とにんにく、アンチョビ、唐辛子を入れて加熱し、にんにくがきつね色になったら黒オリーブ、ケッパー、ホールトマトを入れる。

❷豚肉を肉たたきで軽く叩いて薄くし、両面に塩・こしょうをして、薄力粉をつけ余分な粉を落とす。

❸フライパンにオリーブ油を入れて熱し、肉を重ねないように中火〜強火で両面焼き、白ワインをふり入れて一気に水分をとばす。

❹①のソースを③のフライパンに入れ、豚肉の上にモッツァレラチーズをのせてフタをして5〜6分コトコト煮込む。

❺皿に盛りつけて、仕上げのパセリ、オレガノ、オリーブ油をかけて完成。

材　料 5人分

板ゼラチン（氷水に浸けてふやかしておく）‥ 8ｇ
生クリーム ‥ 400ml　　コーヒー豆‥‥ 10粒
牛乳‥‥‥‥ 100ml　　バニラエッセンス 少々
グラニュー糖 ‥ 50ｇ　　ミントの葉 ‥‥ 適量
オレンジの皮 ‥ 適量　　カットフルーツ ‥ 適量

パンナコッタ

作り方

❶鍋に生クリーム、牛乳、グラニュー糖、オレンジの皮、コーヒー豆を入れて沸騰直前まで加熱する。

❷戻したゼラチンを加え混ぜて溶かし込み、バニラエッセンスを入れフタをして5分程おいて香りを移したら裏ごしする。

❸②を氷水に当てて軽くとろみがつくまで冷ましてから、容器に流し入れる。

❹固まったら皿に盛り、カットフルーツとミントの葉を飾り完成。

チーズフォンデュ

スイス
Switzerland

材料 4人分

エメンタールチーズ ・・・・・・・・・・・・・・・・・・ 120g
グリュイエールチーズ ・・・・・・・・・・・・・・・ 500g
にんにく ・・・・・・・・・・・・・・・・・・・・・・・・・・・・ 1片
レモン ・・・・・・・・・・・・・・・・・・・・・・・・・・・ 1/4個
白ワイン ・・・・・・・・・・・・・・・・・・・・・・・・ 300ml
キルシュ（さくらんぼの蒸留酒）・・・・・・・ 適量
コーンスターチ ・・・・・・・・・・・・・・・・・・ 大さじ3
塩、黒こしょう ・・・・・・・・・・・・・・・・・・・・・ 少々
ナツメグ ・・・・・・・・・・・・・・・・・・・・・・・・・・・ 少々
フランスパン ・・・・・・・・・・・・・・・・・・・・・ 1.5本

下準備

❶フランスパンは一口大に切る。

❷チーズはざく切りにする。

❸にんにく、ナツメグはすりおろす。

❹コーンスターチはキルシュで溶いておく。

作り方

❶フォンデュ鍋に白ワイン、にんにく、レモン汁を入れて熱する。

❷沸騰寸前にチーズを一握りずつよくかき混ぜながら入れていく。

❸チーズが溶けてなじんできたら、コーンスターチをキルシュで溶いたものをゆっくりよくかき混ぜながら鍋に流し込む。

❹最後に塩で味を調え、ナツメグのすりおろしたものと、黒こしょうで香りをつける。

❺一口大のフランスパンをスティックに刺して④のチーズに絡ませていただく。

Memo

パンだけでなく、茹でたブロッコリーやウズラ卵、ミニトマト、ソーセージなどアレンジはお好みで。

シチュー茹でパン添え

チェコ
Czechia

材料 4人分

<シチュー>
豚肉（一口大）・・・・・・・・・・・・・・・・・・・・・ 600 g
玉ねぎ（みじん切り）・・・・・・・・・・・・・・・ 2個
ブイヨンキューブ ・・・・・・・・・・・・・・・・・・ 2個
パプリカパウダー ・・・・・・・・・・・・・・・・・・ 少々
小麦粉・・・・・・・・・・・・・・・・・・・・・・・・・ 大さじ3
塩・・・・・・・・・・・・・・・・・・・・・・・・・・・・・・・・ 少々
黒こしょう・・・・・・・・・・・・・・・・・・・・・・・・ 少々
サラダ油・・・・・・・・・・・・・・・・・・・・・・・・ 大さじ1

<茹でパン>
薄力粉 ・・・・・・・・・・・・・・・・・・・・・・・・・・ 225g
強力粉・・・・・・・・・・・・・・ 75g（3：1の割合）
牛乳A ・・・・・・・・・・・・・・・・・・・・・・・・・ 150ml
牛乳B ・・・・・・・・・・・・・・・・・・・・・・・・・ 100ml
卵 ・・・・・・・・・・・・・・・・・・・・・・・・・・・・・・ 1個
塩 ・・・・・・・・・・・・・・・・・・・・・・・・・・・・・・・ 少々
パン（1cmの角切り）・・・・・・・・・・・・・・ 30 g

<C材料>
砂糖 ・・・・・・・・・・・・・・・・・・・・・・・・・・ 大さじ1
ドライイースト ・・・・・・・・・・・・・・・・・・ 大さじ1

作り方

<シチュー>
❶鍋に油を入れ、玉ねぎがきつね色になるまで炒める。

❷①に豚肉を加えて色が変わるまで炒め、水を50ml加えて蒸し煮する。

❸②にブイヨン、塩、黒こしょう、パプリカパウダーを加える。肉が軟らかくなったら水を更に50ml加える。

❹水200mlと小麦粉を混ぜて、ダマにならないように③に加えてとろみをつける。

<茹でパン>
❶牛乳Aを人肌になるまで温め、Cを加え発酵させる。気泡が上がってきたら、小麦粉と卵、塩少々、牛乳Bを混ぜ合わせ、空気を取り込むように力を入れてこねる。

❷①に角切りにしたパンを混ぜ合わせラップをし、暖かい所で40分程発酵させる。

❸②を再びこねて3つに分け、かまぼこ型に整える。ラップをかけて10～15分寝かせる。

❹③をラップを外して茹でる。茹でると膨らむため、大きめの鍋を用意する。たっぷりの水を沸騰させ、塩少々を加え、片面を10分ずつ茹でる。火が通っているか竹串でチェックする。

❺茹で上がったら湯切りして、縮まないように竹串で数カ所穴をあける。できあがったパンを1.5cmの幅にスライスする。

トプフェンクヌーデル・ミットピルツ
（きのこ入りチーズ団子）

オーストリア
Austria

材 料 4人分

<生地>
じゃがいも ・・・・・・・・・・・・・・・・・・・・・・・・ 200 g
（茹でて、フォークで細かくつぶす）
クリームチーズ ・・・・・・・・・・・・・・・・・・・ 60 g
強力粉 ・・・・・・・・・・・・・・・・・・・・・・・・・・・・ 20 g
レモン汁 ・・・・・・・・・・・・・・・・・・・・・・ 小さじ 1
塩 ・・・・・・・・・・・・・・・・・・・・・・・・・・・・ ひとつまみ

<中身>
しめじ ・・・・・・・・・・・・・・・・・・・・・・・ 1/2 パック
生しいたけ ・・・・・・・・・・・・・・・・・・ 1/2 パック
塩・こしょう ・・・・・・・・・・・・・・・・・・・・・・ 少々

<衣>
セモリナ粉 ・・・・・・・・・・・・・・・・・・・・・・・・ 適量

<ソース>
ケチャップ ・・・・・・・・・・・・・・・・・・・・・・・・ 適量
タバスコ ・・・・・・・・・・・・・・・・・・・ お好みの量

作り方

❶生地を作る。
生地の材料をゴムベラでよくこねる。

❷中身を作る。
フライパンに油（分量外）を入れ、ほぐしたきのこをこんがり焼き、塩・こしょうする。冷めたら細かく刻み、①の生地を少量（スプーン 2 杯程）加えて混ぜる。

❸❶の生地を 8 〜 10 等分にして薄く延ばし、②を真ん中にのせて包み込み、丸めて団子を作る。

❹周りにセモリナ粉をつけ 160℃の油（分量外）で揚げる。

❺ソースを作る。
ケチャップにタバスコを混ぜる。

❻揚げた団子にソースを添えて完成。

Memo
セモリナ粉は主にパスタに使われている小麦粉で、もちっとした食感が特徴。

きのこのピラフ

ルーマニア
Romania

材　料 4人分

玉ねぎ ・・・・・・・・・・・・・・・・・・・・・・・・・・・ 1/2 個
にんじん ・・・・・・・・・・・・・・・・・・・・・・・・・ 1/2 本
まいたけ ・・・・・・・・・・・・・・・・・・・・・・・ 1 パック
生しいたけ ・・・・・・・・・・・・・・・・・・・ 1/2 パック
乾燥ポルチーニ ・・・・・・・ 10g (湯で戻しておく)
米 ・・・・・・・・・・・・・・・・・・・・・・・・・・・・・・ 2.5 合
バター ・・・・・・・・・・・・・・・・・・・・・・・・・ 大さじ 3
塩・こしょう ・・・・・・・・・・・・・・・・・・・・・・・・ 少々

作 り 方

❶すべての具材をみじん切りにする。

❷フライパンにバターを入れ玉ねぎ、にんじんを炒めて塩をする。

❸まいたけ、生しいたけ、ポルチーニも加えて炒め、こしょうを少々ふる。。

❹炊飯器に米 2.5 合と通常の水 (ポルチーニの戻し汁大さじ 4 を含む) を入れ、③を加えて炊く。

焼きナスのスプレッド

材　料 4人分

なす ・・・・・・・・・・・・・・・・・・・・・・・・・・・・・・ 2 個
エシャロット (玉ねぎでもOK) (みじん切り) ・・1/2 個
トマト (種を取り粗みじん切り) ・・・・・・・・・・ 1/2 個
塩 ・・・・・・・・・・・・・・・・・・・・・・・・・・・・・・・・ 少々
マヨネーズ (自家製の作り方)

(ボウルに卵黄 1/2 個分、マスタード小 1/2、塩少々を入れてよく混ぜ、サラダ油を少しずつ加えてしっかり混ぜる。とろみがついたらレモン汁を加える。)

作 り 方

❶焼きナスを作り、皮をむいて粗みじん切りにし、ザルに移してゴムベラでつぶして余分な水分を落とす。

❷①にエシャロットと塩少々を加え、マヨネーズ (好みの量) で和える。

❸②とトマトをフランスパンにのせ、完成。

フランス料理

さつまいもとクルジェット
のラペ

材 料 4人分

<ラペ>
クルジェット（ズッキーニ）・・・・・・・・・・・・ 200g
さつまいも・・・・・・・・・・・・・・・・・・・・・・・・・ 200g
ヒヨコマメの粉・・・・・・・・・・・・・・・・・・・・・ 50g
エシャロット（玉ねぎでもOK）・・・・・・・・・・ 1個
卵・・・・・・・・・・・・・・・・・・・・・・・・・・・・・・・ 2個
クリームチーズ・・・・・・・・・・・・・・・・・ 大さじ 2
ベーキングパウダー（アルミフリー）・・ 小さじ 1/2
シブレット（パセリでもOK）・・・・・・・・・・ 適量
オリーブ油・・・・・・・・・・・・・・・・・・・・・・・ 適量

<トマトのクーリ>
（クーリは野菜や果物のピューレを漉したものを
ベースにしたソース）
トマト・・・・・・・・・・・・・・・・・・・・・・・・ 大 2個
玉ねぎ・・・・・・・・・・・・・・・・・・・・・・・・ 1/4個
オリーブ油・・・・・・・・・・・・・・・・・・・・ 大さじ 1

Memo
＊すりおろす：râper
＊さつまいも：patate douce
＊ヒヨコマメ：pois chiche ポア シシュ（フランス語）
garbanzo　ガルバンソ（スペイン語）
chickpea　チックピー（英語）

作り方

❶さつまいもとクルジェットはおろし金でおろす。エシャ
ロットはうす切りにする。シブレット（パセリ）はみじん
切りに。

❷大きめのボウルにクリームチーズを入れ柔らかく混ぜ、
溶いた卵を少しずつ加えながら混ぜ、ヒヨコマメの粉と①
を加えて混ぜ合わす。軽く塩・こしょうをする。

❸フライパンにオリーブ油を熱し、②を 4 等分して 4 枚、
弱火で片面を約 2 ～ 3 分ずつ、きれいな焼き色が付くよ
うに焼く（前もって焼いておいて食べる時にレンジで温
めてもいい）。

<トマトのクーリ>
❶フレッシュのトマトをミキサーでピューレに。玉ねぎ
はみじん切りにする。

❷鍋にオリーブ油を入れ弱火で玉ねぎのみじん切りを軽
く炒めたら、トマトのピューレを加えて 5 分間ほど弱火
で煮詰める。

❸網で漉して、塩・こしょうで味を調える。
今回のラペのような料理には冷たくしたクーリを添えて
もOK。

サーモンのスフレ

材 料 4人分

生鮭の切り身（1枚約70g）* ・・・・・・・・・・・・ 4枚
白ワイン ・・・・・・・・・・・・・・・・・・・・・・・・・・・ 100ml
フュメ ド ポアソン（白身魚のだし汁）* ・・・・ 150ml
（市販の野菜ブイヨンの素でもOK）

<じゃがいものピューレ（マッシュポテト）>
じゃがいも（メークイン） ・・・・・・・・・・・・・・ 400g
バター ・・・・・・・・・・・・・・・・・・・・・・・・・・・・・・ 50g
牛乳 ・・・・・・・・・・・・・・・・・・・・・・・・・・・・・・・ 100ml
ナツメッグ ・・・・・・・・・・・・・・・・・・・・・・・・・・ 適量
塩・こしょう ・・・・・・・・・・・・・・・・・・・・・・・・ 適量

<スフレ生地 *>
バター ・・・・・・・・・・・・・・・・・・・・・・・・・・・・・・ 30g
小麦粉 ・・・・・・・・・・・・・・・・・・・・・・・・・・・・・・ 30g
牛乳 ・・・・・・・・・・・・・・・・・・・・・・・・・・・・・・・ 400ml
グリュイエールチーズ * ・・・・・・・・・・・・・・・・ 60g
卵黄 ・・・・・・・・・・・・・・・・・・・・・・・・・・・・・・ 2個分
卵白 ・・・・・・・・・・・・・・・・・・・・・・・・・・・・・・ 2個分

<仕上げ用>
パン粉 ・・・・・・・・・・・・・・・・・・・・・・・・・・・・・ 適量
グリュイエールチーズ ・・・・・・・・・・・・・・・・・ 適量

<ソース>
生クリーム ・・・・・・・・・・・・・・・・・・・・・・・・・ 100ml
ブールマニエ *
　　┌ 小麦粉 ・・・・・・・・・・・・・・・・・・ 大さじ1/2 ┐
　　└ バター ・・・・・・・・・・・・・・・・・・ 大さじ1/2 ┘
レモン汁 ・・・・・・・・・・・・・・・・・・・・・・・・・・・ 1/4個
バター（冷たくしておく） ・・・・・・・・・・・・・・ 30g

作り方

❶マッシュポテトを作る

じゃがいもは皮をむいて3cm角ぐらいに切って、塩（1％）を入れた水から、指で押してつぶれるぐらいの硬さまで茹でる。ザルで水気をよく切り、熱いうちに裏漉しし、鍋に戻して中火で水分を飛ばす。

十分に熱くなったところでバターを少しずつ加えながら混ぜ合わす。あまり練らないように軽く混ぜる。

別の鍋で温めておいた牛乳を少しずつ加え、角がピーンと立つ位の少し緩いかなと思う程度の硬さにする（食べる時にソースとうまくなじむぐらいの硬さ）。

塩、こしょうとナツメッグで味を調え、冷めないように保温しておく。

❷鮭をポシェする（鮭を下茹でする）。

フライパンの底にバターを塗り、軽く塩・こしょうした鮭を並べて、その上から白ワインとフュメを注ぎ入れ、中火にかける。途中、崩れないように注意して裏返す。軽く火を通すぐらいで火を止め（約8分）鮭を取り出して保温しておく。

茹で汁は捨てずにそのまま取っておく。

❸スフレ生地のベースになるソース・ベシャメルからソース・モルネを作る

牛乳を鍋で人肌ぐらいの温度に温めておく。別の鍋に中火でバターを溶かし、バターの水分が無くなったところにふるった小麦粉を一気に入れ、木ベラでよく混ぜてルーにする。粉気が無くなりルーがサラサラになってきたら、牛乳の2/3ほどの量を加えて中火で木ベラを泡立て器に持ち替え鍋底の隅も忘れずにしっかりと混ぜる。とろみがつきだしたら木ベラに持ち替え弱火で滑らかになるまで混ぜる。

火を止めて卸したチーズと卵黄を加えて、泡立て器で全体がなじむように混ぜ、塩・こしょうで味を調える。

ソース・ベシャメル＋卵黄、チーズ⇒ソース・モルネ。

❹卵白を泡立てる（メレンゲ）

きれいなボールに卵白と塩一つまみを入れ、泡立て器で最初はほぐすように混ぜ、次第に強く、角（ツノ）が立つぐらいまでしっかりと泡立てる。

❺❹の半分をまず❸のソース・モルネに加え、木ベラで切るように混ぜ合わせ、全体になじんだら残りも加えて、泡を潰さないように注意しながらさっくりと切るように混ぜ合わす。

❻深めのグラタン皿に薄くバターを塗り、①のマッシュポテトを敷き、その上に②の鮭を並べ、次に鮭の上から⑤のスフレの生地を流し入れる。多く入れすぎると焼いているうちに膨らんであふれ出るので、入れすぎないように。

パン粉と卸したチーズを表面にふりかけ、あらかじめ220℃に予熱しておいたオーブンに入れる。生地が膨らみ、きれいに焼き色が付いたら取出す。オーブンから出すと、見る見るうちに小さくすぼんでいくので、タイミングをよく見計って出す。

❼⑥でスフレがオーブンに入っている間にソースを仕上げる。

②で鍋に残っている茹で汁を半分ぐらいまで煮詰めて生クリームを加え、軽く沸騰したら、ブールマニエを加え（一度に全部を入れずに濃度を見ながら）泡立て器でよく混ぜながら適当な濃度が付くまで少し煮詰める。

仕上げ用の冷たいバターとレモン汁も加えて、よく混ぜ、塩・こしょうで味を調える。

各自のお皿にソースを敷きその上に⑥サーモンのスフレを一切れずつ盛り付ける。

＊アレンジ
　鮭の代わりに鯛やスズキなどの白身魚でも試してください。
　じゃがいもの代わりにほうれん草でも美味しくできる。

＊スフレ（Soufflé）：膨らんだという意味。
　スフレと云えば熱いスフレ・ショーやデザートのスフレ・グラッセ等がある。

＊フュメ ド ポアソンは市販の粉末のものを使うが、チキンや野菜のブイヨンでもOK。

＊グリュイエールチーズはパルメザンやピザ用のチーズでもOK。

＊ブールマニエはバターを柔らかくして同量の小麦粉と練り合わす。

フランス料理

材 料 4人分

にんにく ・・・・・・・・・・・・・・・・・・・・・・・・・・ 6片	
ローリエの葉 ・・・・・・・・・・・・・・・・・・・・・ 1枚	
セージの葉(なければ省いてもOK)・・・・・・・1枚	
オリーブ油 ・・・・・・・・・・・・・・・・・・・・ 40ml	
チキンスープまたは水 ・・・・・・・・・・・ 1,000ml	
卵 ・・・・・・・・・・・・・・・・・・・・・・・・・・・・・・ 4個	
バゲット(2cmぐらいに厚く切る)・・・・・・・ 8枚	
グリュイエールチーズ ・・・・・・・・・・・・・・ 30g	
塩・こしょう ・・・・・・・・・・・・・・・・・・・ 適量	
ポーチドエッグを作るためのビネガー ・・・・ 適量	

Memo
グリュイエールチーズ (スイスのハードチーズ)が
おすすめ。フランス産のエメンタールやコンテで
もOK。これらが手に入らなければピザ用のチー
ズでもOK。

にんにくのスープ

作り方

❶柔らかめのポーチドエッグを4個作る。
鍋にお湯を沸かし酢かワインビネガーを少量加える。
軽く沸騰するくらいの火加減にしておく。
卵は一旦小さなザルに割り落として余分な水様卵白を取り
除いておく。レードルでお湯を混ぜ鍋の中に渦を作り、回っ
ているお湯の真ん中に卵を落とし入れ2分から2分半加
熱したらすくい取って、一旦冷水に落としてからキッチン
ペーパーで水気を取る。

❷厚めにスライスしたバゲットをオーブントースターで
軽く焼いておく。

❸にんにくをみじん切りまたは薄切りにする。

❹鍋にオリーブ油を入れ、❸のにんにく、ローリエ、セー
ジ、塩も入れて弱火でにんにくに火が通るまで炒める。
できるだけにんにくに色がつかないように。

❺チキンスープを沸かして❹に注ぎ入れ、沸騰させたら、
沸騰状態を保ってにんにくが柔らかくなるまで約15分煮る。

❻❺からローリエ、セージを取り除いて、ミキサーまたは、
スティック・ブレンダーで撹拌し、塩・こしょうで味を
調える。

❼耐熱の器に❻のスープと❷を交互に入れ❶のポーチド
エッグをのせ、卸したグリュイエールチーズをのせて220℃
のオーブンまたはコンロのグリルで焼き色がつくまで焼
き上げて完成。

キッシュ ロレーヌ

材 料 (直径24cmのタルト型1台分)

<パイ生地 (パートブリゼ)>

薄力粉・・・・・・・ 90g		塩 ・・・・・・・・・・ 4g	
強力粉・・・・・・・ 90g		卵黄・・・・・・・・ 1個分	
バター・・・・・・・ 90g		水 ・・・・・・・・・ 30ml	

<アパレイユ>

全卵 ・・・・・・・・・ 2個	塩 ・・・・・・・・・・・ 12g
卵黄 ・・・・・・・・ 2個分	こしょう ・・・・・・ 適量
生クリーム ・・ 120ml	ナツメグ ・・・・・・ 適量
牛乳 ・・・・・・・・ 100ml	

<ガルニチュール>

ベーコン ・・・・ 100g
グリュイエールチーズ ・・・・・・・・・・・・・・・・・ 100g

作り方

❶パイ生地を作る（パートブリゼ）。
予め、ボウルと、全ての材料をしっかりと冷やしておく。ボウルに、よく冷やした小麦粉、塩、小さく（2cm角位）切ったバターを入れ、カードを使ってバターを細かく切りながら粉と絡ませるように混ぜ、指で粉とバターをすり合わせるようにしながら全体が砂状になるまで混ぜる。この時、手の温度でバターが柔らかくなり過ぎるようなら、一旦冷蔵庫にボウルごと入れて冷やしてから作業をする。

❷ボウルの中で中央にくぼみを作り、そこへ予め混ぜておいた卵と水を入れて中央から徐々にざっくりと混ぜ、手の平で押すようにしながら生地がざっくりでよいので大体ひとつの塊にまとめる。決してこね過ぎないのがポイント。ここまでの作業はフードプロセッサーで一気にすることもできる。まとまったらそれを厚さ3cmの円盤状にまとめ、ラップに包んで、冷蔵庫で早くても30分以上、できれば一晩寝かせる。

❸生地をタルト型に敷く（タルトの型は底が離れるタイプのものを使う）。生地をラップまたはビニールで上下をはさんで台に置き、麺棒でタルト型よりも少し大きめの円形に伸ばす。麺棒に生地を掛けるようにして型の上に置き、指で型の底の角にぴったりと押しつける。型からはみ出た部分はナイフで切り取るか、麺棒を転がして切り取る。

❹型の底をフォークで刺して小さな穴を一面に開けておく（ピケ）。それを一旦冷蔵庫で冷やす。できればここまでを前日にやっておくと作業がスムーズにできる。

❺❹を下焼きする。❹の上にオーブンシートを敷き、膨らんで上がらないように重し（アルミのタルト石や小豆などの乾燥豆）を敷き詰め、180℃のオーブンで下焼きをする。10分ほど焼いたら重しをシートごと取り除きさらに5分ほど生地に薄く焼き色がつくまで焼き、今度は底全体に卵黄（分量外）を薄く塗って1分ほど焼いて乾かす（ピケの穴を塞ぎ、アパレイユが漏れたり、生地に浸むのを防ぐ）。

❻ガルニチュールの用意。
ベーコンは端の固い部分を切り取り1cm×2cmぐらいの棒状に切り、バターで軽く炒めておく。グリュイエールチーズはグレーダーで卸すか細かく切る。

❼アパレイユの材料を混ぜ合わせる。
全卵と卵黄をよく溶きほぐして生クリーム、牛乳を加えて混ぜ、塩・こしょう、ナツメグを加える。

❽❺の生地の底に❻のベーコンとグリュイエールチーズを均等に散らし（グリュイエールチーズは少し残しておく）、アパレイユを生地の8分目までそっと流し入れ、残りのチーズを表面に散らす（この状態で冷凍しておけば、あとは焼くだけ）。

❾180℃のオーブンできれいな焼き色が付くまで（約20分位）焼く。

❿焼きあがったらオーブンから出して粗熱が取れたら型を外す。少し大きめの缶詰の缶の上に載せると枠だけが下に落ちて外すことができる。

⓫切り分けて皿に盛りサラダなどを付け合せて完成。

Memo
＊ほうれん草を軽く茹でてバターでさっと炒めたものや、玉ねぎを薄く切ってバターでしんなり炒めたものをキッシュに入れることは、本場のロレーヌ地方でもよくあることだそう。いろいろアレンジしてみてください。でもチーズだけはグリュイエール！が絶対お勧め。

＊パートブリゼをフードプロセッサーで作る方法。
❶予め、フードプロセッサーの容器と、全ての材料をしっかりと冷やしておき、フードプロセッサーによく冷やした小麦粉、塩、小さく切ったバターを入れ、粉が黄色くサラサラの状態になるまで混ぜる。混ぜ過ぎてバターと粉が完全に混ざってしまわないように。

❷水と卵をよく混ぜ合わせておき、①へフードプロセッサーを回しながら加える。

❸全体がまんべんなく混ざったら取り出してひとつにまとめる。

❹こねすぎないように全体をひとつにまとめたら、厚さ3cmほどの円盤状にまとめラップに包んで、冷蔵庫で早くても30分以上、できれば一晩寝かせる。

ノルマンディーの
りんごのクレープ

材 料 （直径20センチ約7-8枚分）

＜クレープ＞
小麦粉 ・・・・・・・・・・・・・・・・・・・・・・ 100g
塩 ・・・・・・・・・・・・・・・・・・・・・・ ひとつまみ
卵 ・・・・・・・・・・・・・・・・・・・・・・・・ 2個
グラニュー糖 ・・・・・・・・・・・・・・・・・・・ 30g
溶かしバター ・・・・・・・・・・・・・・・・・・・ 20g
牛乳 ・・・・・・・・・・・・・・・・・・・・・・・ 250㎖

＜りんご＞
りんご ・・・・・・・・・・・・・・・・・・・・・・ 4個
（酸味のある紅玉やふじ、サンふじなど）
グラニュー糖 ・・・・・・・・・・・・・・・・・・・ 40g
バター ・・・・・・・・・・・・・・・・・・・・・・ 30g
粉砂糖（仕上げ用）・・・・・・・・・・・・・・・・ 適量

作り方

＜りんご＞
❶りんごは皮をむいて4等分に切り芯を取り除いて、さらに半分に切る。

❷フライパンにバター、りんご、グラニュー糖を入れ中火で30分ほどキャラメル色になるまで煮る。途中ゴムベラで上下を入れ替えるように混ぜ、水分がなくなり焦げ付きそうになれば水を少し足す。中まで透きとおったキャラメル色になれば火を止める。

＜クレープ＞
❶グラニュー糖とふるった小麦粉をボウルに入れ、真ん中をくぼませておく。

❷牛乳は人肌に温めて、卵とよく混ぜておく。

❸バターを小鍋に入れ中火で加熱。薄茶色に色づき、香ばしいナッツの匂いがしてきたら火を止める。焦がさないように注意。（ブールノアゼット、はしばみバター）

❹②を①の真ん中から泡立て器で混ぜながら少しずつ入れる。一気に入れないで中央から外側に徐々に円を大きくしていくように混ぜる。最後に③の溶かしバターを混ぜ合わせ裏ごして30分以上寝かす。

❺フライパンを適温に熱して溶かしバター（③のバターを鍋に少し残しておくといい）を刷毛で薄く塗り、生地をレードルでフライパンの真ん中へ流し入れ、フライパンを傾けながら回して一面に均一に生地を広げる。フライパンが熱過ぎるときは濡れ布巾にフライパンの底を当て温度を下げる。弱火で周りが少し色付いたら裏返す。裏は乾かす程度に焼くだけでいい。焼きあがったクレープは皿に重ねて、乾燥しないようにラップで覆っておく。皿にクレープを広げ、りんごを包み、クレープに粉砂糖をふりかける。

パエリア

スペイン
Spain

材料 （30㎝幅パエリア鍋）

米（洗わない）・・・・・・・・・・・・・・・ 2.5 カップ
湯 ・・・・・・・・ 5 カップ ──┐
サフラン ・・・ 小さじ 1 ──┘ 色付けしておく
有頭エビ（飾り用）・・・・・・・・・・・・・・・ 4 尾
アサリ（飾り用）・・・・・・・・・・・・・・・ 200g
イカ（輪切り）・・・・・・・・・・・・・・・ 100g
鶏むね肉（一口大）・・・・・・・・・・・・・・・ 200g
赤パプリカ（5mm 幅の細切り）・・・・・・・・ 1 個
玉ねぎ（5mm 角）・・・・・・・・・・・・・・・ 1 個
セロリ（5mm 角）・・・・・・・・・・・・・・・ 1/2 本
にんじん（5mm 角）・・・・・・・・・・・・・・・ 1/2 本
完熟トマト（つぶす）・・・・・・・・・・・・・・・ 1 個
オリーブ油 ・・・・・・・・・・・・・・・ 160ml
にんにく（みじん切り）・・・・・・・・・・・・・・・ 2 片
塩 ・・・・・・・・・・・・・・・・・・・・・・・・ 少々
イタリアンパセリ ・・・・・・・・・・・・・・・ 少々
レモン（くし切り）・・・・・・・・・・・・・・・ 1 個

作り方

❶パエリア鍋を強火で熱し、底を覆うまでオリーブ油を注ぎ入れる。塩少々を味付けのために先に入れ、エビとアサリを炒めた後、飾り用に取り分けておく。

❷同じ鍋で赤パプリカをさっと炒め、取り分けておく。次に、にんにく、玉ねぎ、セロリ、にんじんをよく炒め、取り出す。

❸鍋にトマトを入れ少し炒め、さらに鶏肉とイカを炒め火が通ってきたら、②のパプリカ以外の野菜を加える。

❹全てを炒め合わせたら米を加え、油をしみ込ませるために鍋底からヘラで混ぜ返す。

❺熱い湯を注ぎ、塩で味を整え、水がほとんど蒸発するまで強火でフタをせず煮る。

❻取り分けておいたエビ、アサリ、赤パプリカを上に飾り、火を弱火にして、アルミホイルでフタをして 30 分ゆっくり火にかける。お焦げが好きなら、最後にパッと強火にして火を消す。

❼仕上げにイタリアンパセリとレモンを飾り、完成。

鱈とキノコのピルピル
（オリーブ油煮）

スペイン
Spain

材 料 4人分

鱈 ······················ 200 g
しめじ（石づきを取りのぞきほぐす）··1パック
しいたけ（薄切り）··················大8個
えのき（石づきを取りのぞきほぐす）··1パック
ＥＸヴァージンオリーブ油 ··········· 400ml
にんにく（薄切り）····················6片
唐辛子（輪切り）·····················2本
パセリ（みじん切り）·················少々
塩・こしょう ·······················少々

作り方

❶オリーブ油を弱火にかけ、にんにくを入れる。

❷にんにくの色がついたら、きのこ類を入れて炒める。

❸②に鱈を入れ、軽く煮て、塩・こしょうで味を調える。

❹オーブンで温めた耐熱皿に③を入れて温める程度に熱を加え、パセリと唐辛子をふりかける。

Memo ピルピルはスペインのバスク地方の伝統郷土料理で白身魚の"タラ"などをオリーブオイルで煮て作るオイル煮です。

豚肉とアサリのトマト煮

ポルトガル
Portugal

材料 4人分

豚肉 (肩ロースブロック、3cm角に切る)‥350 g
玉ねぎ・・・・・・・・・・・・・・・・・・・・・・・・・・ 1個
赤パプリカ・・・・・・・・・・・・・・・・・・・・・・・・ 1個
ピーマン・・・・・・・・・・・・・・・・・・・・・・・・・ 1個
にんにく (みじん切り) ・・・・・・・・・・・・・ 1片
アサリ (塩水につけ砂をはかせておく)‥250 g
オリーブ油・・・・・・・・・・・・・・・・・・・ 大さじ 1

<A 材料>
白ワイン ・・・・・・・・・・・・・・・・・・・ 1/3 カップ
パプリカパウダー ・・・・・・・・・・・・・ 大さじ 1/2
にんにく (みじん切り) ・・・・・・・・・・・・・ 1片
ローリエ ・・・・・・・・・・・・・・・・・・・・・・・・ 1枚
クローブ ・・・・・・・・・・・・・・・・・・・・・・・・ 1本
塩・こしょう ・・・・・・・・・・・・・・・・・・・・ 少々
クミン ・・・・・・・・・・・・・・・・・・・・・・・・・ 少々
サラダ油 ・・・・・・・・・・・・・・・・・・・ 大さじ 1

<B 材料>
トマト水煮缶 ・・・・・・・・・・・・・・・・・・・ 200 g
粉唐辛子 ・・・・・・・・・・・・・・・・・・・・・・・ 少々
砂糖・・・・・・・・・・・・・・・・・・・・・・・ 小さじ 1/2
塩、黒こしょう ・・・・・・・・・・・・・・・・・・ 少々

作り方

❶豚肉を A に 2 時間以上つける (できれば、ひと晩)。

❷野菜は 2 cm の角切りにする。

❸①の豚肉を漬け汁から出してフライパンにサラダ油を熱して中火で炒め、焼き色がついたら取り出す。

❹フライパンにオリーブ油を入れて、にんにく、野菜を炒め、B を入れて煮立ったら③の豚肉を戻し入れ、弱火で 15 分くらい煮詰める。

❺アサリを加え、フタをして煮る。口が開いたら塩・こしょうで味を調えて完成。

ビーフストロガノフ

ロシア
Russia

材 料 4人分

＜バターライス＞
米 ・・・・・・・・・・・・・・・・・・・・・・・・・・・・ 2合
玉ねぎ ・・・・・・・・・・・・・・・・・・・・・・・ 1/2 個
コンソメ顆粒 ・・・・・・・・・・・・・・・・ 小さじ 1
バター ・・・・・・・・・・・・・・・・・・・・・・・・・ 20 g
水 ・・・・・・・・・・・・・・・・・・・・・・・・・・・400ml
塩 ・・・・・・・・・・・・・・・・・・・・・・・・ 小さじ 1/2

＜ビーフストロガノフ＞
牛肉赤身薄切り ・・・・・・・・・・・・・・・・ 300 g
玉ねぎ ・・・・・・・・・・・・・・・・・・・・・・・・・ 1個
にんにく ・・・・・・・・・・・・・・・・・・・・・・・ 1片
マッシュルーム ・・・・・・・・・・・・・・・ 10 個
バター ・・・・・・・・・・・・・・・・・・・・・・・・・ 30 g
ブランデー（赤ワインでも OK）・・・・・・・・ 少々
小麦粉 ・・・・・・・・・・・・・・・・・・・・・・ 大さじ 1
パプリカパウダー ・・・・・・・・・・・・・ 小さじ 1
コンソメスープ ・・・・・・・・・・・・・ 2・1/2 カップ
トマトピューレ ・・・・・・・・・・・・・ 1/2 カップ
レモン汁 ・・・・・・・・・・・・・・・・・・・・ 大さじ 1
塩・こしょう ・・・・・・・・・・・・・・・・・・・・ 少々

生クリーム ・・・・・・・・・・・・・・・・・・・・・ 少々
パセリ（みじん切り）・・・・・・・・・・・・・・・ 少々

作り方

＜バターライス＞
❶玉ねぎをみじん切りにし、バターを入れたフライパンで色づくまで炒める。（中火）

❷炊飯器に①と残りの材料を入れて炊く。

＜ビーフストロガノフ＞
❶牛肉は 1.5 cm幅に切る。玉ねぎとにんにくはみじん切りに。マッシュルームは 5 mm幅の薄切りにしてレモン汁をかけておく。

❷厚手鍋にバターを溶かし、にんにく、玉ねぎを入れ 3 〜4 分炒め、牛肉を加える。肉の色が変わったら、マッシュルームを加えて、さっと炒め合わせる。

❸②にブランデー（赤ワイン）を入れて煮立たせ、小麦粉、パプリカをふり入れ混ぜる。

❹③にコンソメスープ、トマトピューレを加え、焦げ付かないよう鍋底からよくかき混ぜながら中火で 20 分煮込む。

❺塩・こしょうで味を調える。

皿にバターライスとビーフストロガノフを盛り、生クリーム、パセリをかける。

ギリシャ
ギリシャGreece

ムサカ
（なすとミートソースのグラタン）

材 料 4人分

なす（1cmの輪切り）・・・・・・・・・・・・・・・・・5個
じゃがいも（7mmの輪切り）・・・・・・・・・・200g
オリーブ油・・・・・・・・・・・・・・・・・・・・・・・・適量
塩・・・・・・・・・・・・・・・・・・・・・・・・・・・・・・・少々
粉チーズ・・・・・・・・・・・・・・・・・・・・・・・・・70g

＜ミートソース＞
牛ひき肉・・・・・・・・・・・・・・・・・・・・・・・350g
玉ねぎ（みじん切り）・・・・・・・・・・・・・・中1個
にんにく（みじん切り）・・・・・・・・・・・・・・1片
マッシュルーム（みじん切り）・・・・・・・・・50g
セロリ（みじん切り）・・・・・・・・・・・・・・1/2本
オレガノ（ドライ）・・・・・・・・・・・・・・小さじ1
オリーブ油・・・・・・・・・・・・・・・・・・・大さじ1
トマトケチャップ・・・・・・・・・・・・・・・大さじ2
赤ワイン・・・・・・・・・・・・・・・・・・・・・・・50ml
小麦粉・・・・・・・・・・・・・・・・・・・・・・・・・少々
塩・こしょう・・・・・・・・・・・・・・・・・・・・・少々
＜A＞
パセリ（みじん切り）・・・・・・・・・・・・・大さじ3
トマト水煮缶・・・・・・・・・・・・・・・・・・・200g
トマトペースト・・・・・・・・・・・・・・・・・大さじ2
ローリエ・・・・・・・・・・・・・・・・・・・・・・・1枚
シナモンパウダー・・・・・・・・・・・・・・・・・少々
クローブパウダー・・・・・・・・・・・・・・・・・少々

＜ホワイトソース＞
無塩バター・・・・・・・・・・・・・・・・・・・・・50g
小麦粉・・・・・・・・・・・・・・・・・・・・・・・・・50g
牛乳・・・・・・・・・・・・・・・・・・・・・・・・・500ml
塩・こしょう、オレガノ・・・・・・・・・・・・・・少々

作り方

❶フライパンにオリーブ油を入れ、なす、じゃがいもを
それぞれ、中火で両面に焼き色をつけ、油切りをして塩
をふる。

❷＜ミートソース＞
フライパンにオリーブ油大さじ1、にんにくを入れて中
火で熱し、玉ねぎ、マッシュルーム、セロリを炒め、し
んなりしたらひき肉を加え、しっかり炒める。

❸②にトマトケチャップ、塩・こしょう、オレガノ、小
麦粉を加えさっと炒め、赤ワイン50mlを加えて5分ほ
ど煮詰める。Aの材料を入れフタをして中火で15分程煮
込み、水分がなくなったら塩・こしょうで味を調える。

❹＜ホワイトソース＞
フライパンに無塩バターを入れて弱火で溶かす。小麦粉
を加えて弱火でこげつかないように混ぜながら木ベラで
ひとまとまりになるまで炒める。牛乳を少しずつ加え、
とろみがつくまで弱火で加熱し、塩・こしょう、オレガ
ノで味を調える。

❺耐熱器に薄く油を引き、じゃがいも全量を敷き、その
上にミートソース半量を入れヘラで平らにし、粉チーズ
(1/3)、なす(1/2)の順に2回重ね、最後にホワイトソー
スをのせ、残りの粉チーズをふる。

❻220℃に温めたオーブンで20〜30分表面に焼き色が
つくまで焼き上げる。

アメリカ編
America

ローストスペアリブ

アメリカ
USA

材 料 4人分

スペアリブ ・・・・・・・・・・・・ 1.2 kg（1人約 300g）
蜂蜜・・・・・・・・・・・・・・・・・・・・・・・・・・・・・60ml
レモン汁・・・・・・・・・・・・・・・・・・・・・・・・・・35ml
塩・こしょう ・・・・・・・・・・・・・・・・・・・・ 適量

作り方

❶肉に塩・こしょうをし、網を敷いたオーブンに並べ、175℃で1時間焼く。

❷蜂蜜にレモン汁を加え、タレを作っておく。

❸途中2回（30分後と45分後）肉を裏返し、②のタレを刷毛で肉に塗る。

❹表面がカリッとしてきたらできあがり。
皿に盛り、好みの野菜を付け合わせる。

ベイクドポテト

材 料 4人分

パプリカパウダー ・・・・・・・・・・・・・・・・・・・ 適量
＜A材料＞
じゃがいも（大）・・・・・・・・・・・・・・・・・・・ 4個
バター ・・・・・・・・・・・・・・・・・・・・・・・ 大さじ4
塩・こしょう ・・・・・・・・・・・・・・・・・・・・・ 適量
チェダーチーズのすりおろし ・・・・・・・ 大さじ4
牛乳（温めておく）・・・・・・・・・・・・・・・・・ 30ml

作り方

❶じゃがいもを190℃のオーブンで30分～1時間焼く（スペアリブと同時に焼けます）。

❷中まで柔らかくなれば縦長に半分に切り、中身をくりぬく。ボウルに、くりぬいた中身とAを入れ、マッシャーできめが細かくなるまでつぶす。

❸②をじゃがいもの皮の中に戻し、パプリカをふりかけ、オーブンに戻して5～6分温め直したらできあがり。

John Dix　ACA 英語講師・陶芸家

ACA 語学教室〜ジョン先生のこぼれ話〜

USA

―ミシガンの郷土料理、パスティ（Pasty）の紹介―

　パスティは、1800 年代に英国のコーンウォール地方からミシガン北方の Upper Peninsula に移住した炭鉱夫によって伝わりました。鉱山から採集される鉱石は、銅からやがて鉄鉱石に変わり、デトロイトに運ばれて米国の自動車産業を支えました。炭鉱夫は焼き上がったパスティを布でくるんで体に巻き付けて鉱山に入り、鉱物を含む泥だらけの手でつまんだ縁の部分は食べずに捨てました。伝統的なコーニッシュパスティには、牛肉、じゃがいも、ルタバガ（根菜類、蕪の一種）が入っています。マスタードとケチャップをたっぷり付けて食べるのはミシガン流です。

1. パイ生地の材料：小麦粉（強力粉＋薄力粉）3 カップ半
　バター 280g　冷水 1/2 カップ　塩 小さじ 1
　パイ生地を上手く作るには、カットしたバターをよく冷やしておく。
　（夏場は冷凍庫に入れると良い）

2. フードプロセッサーに小麦粉、バター、冷水、塩を入れて予め 混ぜてから手早くこねて、ラップに包んで冷蔵庫に入れる。

3. フィリングの材料：合挽き肉 400g
　にんじん 1 本・じゃがいも中 3 個・玉ねぎ中 1 個・・・・1cm 角のダイスに切る　塩　こしょう

4. 生地をのばす。

5. フィリングを詰めて、卵黄＋水を焼く前にパイ生地の表面に塗る。

6. オーブン 190℃で 30 分、200℃に上げて 10 分焼く。

7. John 先生の作品のお皿に盛り付け

8. ケチャップ＆マスタードをたっぷりとつける。

1960 年 米国ミシガン州フリント生まれ。ノースミシガン大学で陶芸を学ぶ。
1989 年 来日。Kansai Time Out（関西在住の外国人のための雑誌、1977 年〜2009 年刊行）の創始者 David Jack と
　　　　知り合い、彼が篠山に移住した縁で 1995 年、篠山に登り窯を築き始める。
1995 年 ACA にて英語教師を始める。
1997 年 登り窯が完成。
以後、日本国内及び世界各国で個展、ワークショップを開催。

材 料 4人分

鶏もも肉 ・・・・・・・・・・・・・・・・・・・・・・・・・ 4 枚
玉ねぎ ・・・・・・・・・・・・・・・・・・・・・・・ 1/2 個
にんにく ・・・・・・・・・・・・・・・・・・・・・・ 3 片
パクチー ・・・・・・・・・・・・・・・・・・・・・・ 1 束
トマト缶詰（カットトマト）・・・・・・・・・ 2 個
ココナッツミルク・・・・・・・・・・・・・・・・1 缶
塩・こしょう・・・・・・・・・・・・・・・・・・・少々
クミン ・・・・・・・・・・・・・・・・・・・・・・・・・少々
オレガノ ・・・・・・・・・・・・・・・・・・・・・・・少々
ハラペーニョ（ビン入り味付き）・・・・・・・ 少々

ポジョ・カリベニョ
（鶏もも肉の煮込み）

コスタリカ
Costa Rica

作り方

❶鶏肉を一口大に切る。玉ねぎ、にんにく、パクチーをみじん切りにする。

❷鍋に油を入れ、①を加え火にかける。塩・こしょう、クミン、オレガノを加え炒める。

❸鶏肉の表面に色がついたらカットトマトをつぶしながら入れる。 砂糖（分量外）少々を加えるとトマトの酸味が飛ぶ。

❹ココナッツミルクを加えて、とろみと色がなじむまでかき混ぜながら煮込む。
お好みでハラペーニョを添える。

タコス

メキシコ
Mexico

材 料 4人分

トルティーヤ生地 ・・・・・・・・・・・・・・・・・ 8 枚
牛ひき肉（ひよこ豆缶でもOK）・・・・・・・ 250 g
玉ねぎ ・・・・・・・・・・・・・・・・・・・・・・・1/4 個
にんにく ・・・・・・・・・・・・・・・・・・・・・・ 3 片
じゃがいも ・・・・・・・・・・・・・・・・・・・・ 1 個
にんじん ・・・・・・・・・・・・・・・・・・・・・・1/3 本
塩・こしょう ・・・・・・・・・・・・・・・・・・・少々
パプリカパウダー ・・・・・・・・・・・・・・・・少々
サラダ油 ・・・・・・・・・・・・・・・・・・・・・小さじ1
サルサソース（市販のもの）

作り方

❶にんにく、玉ねぎ、にんじんは、みじん切りにし、じゃがいもは 5mm の角切りにする。

❷フライパンにサラダ油を入れ、玉ねぎとにんにくをしんなりするまで炒める。

❸②にひき肉を加え、火が通れば、塩・こしょう、パプリカパウダーで味を調える。

❹トルティーヤ生地はフライパンで温める。

❺温かいトルティーヤに②の具材を入れて包み、サルサソースをつけていただく。

アルゼンチン
Argentina

エンパナーダ

(牛ひき肉の包み焼き)

材 料 4人分

餃子の皮（大）	20枚
牛ひき肉	130g
玉ねぎ（みじん切り）	1・1/2個
ゆで卵（角切り）	1個
クミン	少々
パプリカパウダー	少々
サラダ油	大さじ1
塩・こしょう	適量

作り方

❶玉ねぎをサラダ油で炒め、ひき肉を加え火が通ったらクミン、パプリカパウダー、塩・こしょうを入れる。

❷①にゆで卵を加える。

❸餃子の皮に大さじ1の②を入れて包む。

❹フライパンに油（分量外）を入れ、③を並べ入れ、焼き色をつける。

ブラジル
Brazil

パステル

(ハムとチーズの包み揚げ)

材 料 4人分

ハム	8枚
モッツァレラチーズ（8等分にする）	1個
オレガノ	大さじ1
餃子の皮	1パック（25枚）
揚げ油	適量

作り方

❶ハムの上にチーズを重ねオレガノをふり、巻いて3等分に切る。

❷具材を餃子の皮にのせ、皮のへりに水をつけて包んでいく。

❸熱した油で、きつね色になるまで揚げる。

Hello! from コスタリカ

Costa Rica

VINICIO MONGE さん

コスタリカ出身
ACA で日本語学習中
ACA スペイン語講師
2005 年来日

在日 18 年でもなお一層
日本語、文化の勉強に熱心なビニシオさんです。
スペイン語の先生をしています。

美食とは多様性と国の文化的な豊かさの鏡

La gastronomía es un espejo de la diversidad y riqueza cultural nacional.

料理が得意なのでほとんど自炊をして和食も作り、色々な国の料理もチャレンジしています。コスタリカの料理はある程度日本の材料で作れますが、材料本来の食感や風味、香りには大きな違いがあり、別の物になってしまうと感じます。

料理好きのお父さんと、小さい頃よくピザを一緒に作りました。お母さんも伝統的なコスタリカ料理の名人で、トルティーヤにケソブランコをかけたのが得意料理です。でも残念ながら昔ながらの方法で作る人は年々少なくなってきています。

コスタリカは基本的に穏やかな気候なので、料理はとても日本人の口に合います。また、カリブ海と太平洋に囲まれているので魚介類も豊富です。

代表的な料理には魚介類より肉類が人気です。豚肉は比較的値段が高く牛肉や鶏肉ほど使われません。じゃがいも、にんじんをトマトで煮込むなど、トマト風味の料理が多いです。

日本食で好きなものは、刺し身、野菜、果物です。日本の果物は品質が格段に良いけれど、日本人は『果物は甘くないと美味しくない！』と、思っている人が多いようですね。果物を多く摂取するコスタリカの人々は豊かで健康的です。日本の家庭でももっと果物を食べて欲しいです。

代表的な料理

◆ Gallo Pinto（ガジョピント）：
豆の混ぜご飯。炊いたご飯に玉ねぎ、にんにく、香辛料、豆を加え炒める。目玉焼きやチーズ、バナナを添える。

◆ Olla de Carne（オジャデカルネ）：
牛肉と野菜の煮込み。大きく切った野菜と牛すじ肉を入れる。西洋のポトフと似ている。

代表的な食材

◆ Arroz（米）：インディカ米で粘り気がない。

◆ Tortilla（トルティーヤ）：とうもろこしの粉を薄く焼いてクレープ状にしたもの。

◆ Queso Blanco（ケソブランコ）：塩味のフレッシュチーズ。ラテンアメリカで広く食べられている。

◆ Palmito（ヤシの芽）：サラダやパイの具に。

◆ Yuca（ユカ）：山芋の一種。キャッサバ。油で揚げたり茹でたりする。

◆ Plátano（プランテン）：調理用のバナナ。硬くて加熱しないと食べられない。油で揚げると、さつまいもの天ぷらのような食感になる。

公用語　スペイン語
人口　約509万人（世
ニカラグァ
サンホセ
コスタリカ
パナマ

地図は外務省 HP より引用

Ceviche
セビチェ（魚介のマリネ）

アフリカ編
Africa

タジンケフタ
（ミートボールのトマトソース煮込み）

モロッコ
Morocco

材 料 4人分

牛ひき肉・・・・・・・・・・・・・・・・・・・・・・300〜400g
玉ねぎ（みじん切り）・・・・・・・・・・・・・・1/2個
トマト ・・・・・・・・・・・・・・・・・・・・・・・・・・2個
（皮をむいて種を取って細かく切る）
トマトピューレ ・・・・・・・・・・・・・・・・・大さじ1
にんにく（みじん切り）・・・・・・・・・・・・2片
パクチー（みじん切り）・・・・・・・・・大さじ1・1/2
パセリ（みじん切り）・・・・・・・・・・・大さじ1/2
黒こしょう ・・・・・・・・・・・・・・・・・・・小さじ1/4
塩 ・・・・・・・・・・・・・・・・・・・・・・・・・・・小さじ1
サラダ油、オリーブ油 ・・・・・・・・・各大さじ1
卵 ・・・・・・・・・・・・・・・・・・・・・・・・・・・・・・4個
水・・・・・・・・・・・・・・・・・・・・・・・・・60〜100ml
＜スパイス＞
クミンパウダー ・・・・・・・・・・・・・・・・小さじ1
チリパウダー ・・・・・・・・・・・小さじ1/2（好みで）
パプリカパウダー ・・・・・・・・・・・・・・小さじ1
ジンジャーパウダー ・・・・・・・・・・・小さじ1/2

作り方

❶ボウルにひき肉と、全スパイスの半分の量とパクチー、パセリの半分を混ぜてしっかりこねる。2〜3cmのミートボールを作る。

❷タジン鍋にサラダ油、オリーブ油、玉ねぎ、にんにくを入れて弱火で炒める。

❸しんなりしたらトマト、トマトピューレ、残りのスパイスとパクチー、パセリ、水を入れて混ぜる。弱火で火を通す。

❹水分量が半分になったら、ミートボールを入れて、フタをして中火で8〜10分くらい煮詰める。途中でミートボールをひっくり返す。

❺ソースがまろやかになったら、卵を割り入れる。
黒こしょう、塩をかける。
トッピング用のパクチーをかけてできあがり。

作って食べよう世界の料理
第174回モロッコ編
講師 正木カデ氏

クスクスのチキントマトソース

コートジボワール
Côte d'Ivoire

材 料 4人分

鶏むね肉‥‥‥‥‥‥‥‥‥‥‥‥‥‥‥ 400g
玉ねぎ（1/2 一口大、1/2 みじん切り）‥‥ 1個
にんにく（みじん切り）‥‥‥‥‥‥‥‥ 2片
トマト（ざく切り）‥‥‥‥‥‥‥‥‥‥ 2個
トマト缶‥‥‥‥‥‥‥‥‥‥‥‥‥‥‥ 1缶
キャベツ‥‥‥‥‥‥‥‥‥‥‥‥‥‥ 100g
にんじん‥‥‥‥‥‥‥‥‥‥‥‥‥‥‥ 1本
じゃがいも‥‥‥‥‥‥‥‥‥‥‥‥ 1〜2個
ひよこ豆‥‥‥‥‥‥‥‥‥‥‥‥‥‥‥ 1缶
ブイヨン‥‥‥‥‥‥‥‥‥‥‥‥‥‥‥ 2個
唐辛子・ベイリーフ‥‥‥‥‥‥‥‥‥ 各少々
塩・こしょう‥‥‥‥‥‥‥‥‥‥‥‥ 少々
油‥‥‥‥‥‥‥‥‥‥‥‥‥‥‥‥‥ 少々

＜クスクス材料＞
クスクス（世界最小の粒状パスタ）‥‥‥ 250g
干しぶどう‥‥‥‥‥‥‥‥‥‥‥‥ 約60g
バター（溶かす）‥‥‥‥‥‥‥‥‥‥ 15g
オリーブ油‥‥‥‥‥‥‥‥‥‥‥ 大さじ1
塩‥‥‥‥‥‥‥‥‥‥‥‥‥‥‥‥‥ 少々

作り方

＜チキントマトソースを作る＞
❶鶏肉、野菜は一口大に切る。

❷鍋に油を入れ、にんにく、鶏肉、玉ねぎ（みじん切り）を加え、塩・こしょうし、5分炒める。

❸②に水600ml、キャベツ、にんじん、じゃがいも、ひよこ豆、玉ねぎ（一口大）、トマト、トマト缶、ブイヨン、ベイリーフ、唐辛子を加えてフタをし、10分煮る。

❹③のフタを取り野菜が柔らかくなるまで煮て、塩・こしょうで味を調える。

＜クスクスを作る＞
❶ボウルにクスクスと同量の熱湯、塩を入れ、ラップをして7〜8分蒸らす。

❷①にオリーブ油をかけてほぐすように混ぜる。溶かしバター、干しブドウを加えて、さらに混ぜ合わせる。

クスクスを皿に盛り、トマトソースをたっぷりかけて完成。

フムス
（ひよこ豆のペースト）

エジプト
Egypt

材料 4人分

ひよこ豆の水煮 ・・・・・・・・・・・・・・・ 3/4 カップ
白ゴマペースト ・・・・・・・・・・・・・・・・ 200 g
レモン汁 ・・・・・・・・・・・・・・・・・・・ 大さじ 2
にんにく ・・・・・・・・・・・・・・・・・・・・ 1 片
オリーブ油 ・・・・・・・・・・・・・・・・・ 大さじ 1
塩 ・・・・・・・・・・・・・・・・・・・・・・・・ 少々
ベーキングパウダー ・・・・・・・・・・・ 大さじ 1/4

作り方

❶ひよこ豆の水煮、白ゴマペースト、レモン汁、にんにく、オリーブ油、水 1/3 カップを入れフードプロセッサーでつぶす。

❷①に塩、ベーキングパウダーを加え、大さじ 1 の水を入れ、再度フードプロセッサーにかける。

❸皿に盛り付け、オリーブ油をかける。
（お好みでイタリアンパセリ、トマト、オリーブなどをトッピング）

作って食べよう世界の料理
第 158 回エジプト編
講師 カリール・ハッサン氏

Hello! from カメルーン

Cameroon

SENZE MORINE さん

カメルーン出身
ACA で日本語学習中
2018 年来日

日本ではサッカーのワールドカップで、すっかり有名になったカメルーン出身のモリーンさん。2021 年から ACA で日本語を学んでいます。

懐かしいカメルーンの味

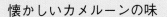

自宅では基本的にカメルーン料理を作り、ネットで素材を入手することもあり、また白米も自国ではよく食べる食材です。和食もお寿司が大好きで、日本茶やお煎餅も好みです。

カメルーンにはとても多くのスープの種類があり、国民的調味料であるマギー・ブイヨン（コンソメ）で味付けをしますが、それぞれの家庭の味があります。お母さんの作ったビターリーフとココリーフを使ったスープは懐かしいです。

昨夜の夕食は落花生のペーストにトマトとチキンを加え煮込んだスープと、添え物に蒸した白米を作りました。

Eru（エル）の葉の代用にほうれん草が沢山入ったスープを作り友人に分けることもあります。

公用語　英語・フランス語
人口　約2,655万人

地図は外務省 HP より引用

代表的な料理

◆ Fufu（フフ）：プランテン、キャッサバ、山芋、とうもろこしの粉、お米、などから作る主食。
※プランテンとは、バナナに似ているが生食でなく、焼いたり油で揚げたり、加熱して食べる。
※キャッサバとは、山芋の一種（タピオカはこのでんぷんを加工して作られている）。
◆ Achu（アチュ）：パーム油やたくさんのスパイスが入った黄色いスープで、蒸したココヤムという芋にかけて食べる。

代表的な素材

◆ Nddle（ンドレ）：苦いがおいしい葉野菜。茹でて付け合わせにする。
◆ Eru（エル）：葉野菜。一緒に野菜や肉と煮込む。
◆ Koki（コキ）：豆のような木の実で、蒸して潰して付け合わせやスープに入れたりする。
◆ ビターリーフ、ココリーフ：薬用にもなる葉。スパイスをたくさん使う。にんにく、リーキ（西洋ねぎ）、セロリなどもスパイスとして使う。

◆ Morine さんのオクラのスープ　2人分
材　料：オクラ5本　玉ねぎ1/2個
　　　　トマト1/2個　コンソメ1/2個
　　　　ほうれん草適宜　水500ml
　　　　しょうが、にんにく、油、塩・こしょう
作り方：①玉ねぎ、しょうが、にんにくをみじん切りにしてよく炒める。
　　　　②ざく切りのトマトを加え炒める。
　　　　③カットしたほうれん草を入れ炒める。
　　　　④カットしたオクラと水を入れ、
　　　　⑤コンソメ、塩・こしょうで味付け。

パーティー料理

材料 直径15cmのタルト型1個分

クリームチーズ ····················· 200g
マスカルポーネチーズ ·············· 100g
グラニュー糖 ······················ 大さじ1
レーズン ·························· 80g
エディブルフラワー（パンジー、ビオラ、ナスタ
チューム、ベゴニアなど）
クラッカーやバゲットなど ············ 適量
食品用ラップ

エディブルフラワーの
チーズテリーヌ

作り方

❶クリームチーズとマスカルポーネチーズを常温に戻した後、ボウルに入れ、グラニュー糖を加えてしっかり混ぜる。

❷①の中にレーズンを加え、さらに混ぜる。

❸型の上にラップを長めに十字に敷き、その上に様々なエディブルフラワーを散らして、②の混ぜ合わせたチーズをのせ、ラップで覆った後、冷凍庫で1～2時間冷やし固める。

❹型から取り出し、5mm幅に切ったバゲットや、クラッカーなどを添える。

材料 サーモン片身分

サーモン ·························· 片身
サワークリーム ···················· 200g
粒マスタード ······················ 150g
パン粉 ·························· 1カップ強
パセリ ···························· 1束
オリーブ油 ························ 適量
ブロッコリー ······················ 1/2株
赤・黄パプリカ ···················· 各1個
マッシュルーム ···················· 1パック
バター ···························· 大さじ1
塩・こしょう ······················ 少々

サーモンのサワークリーム
&粒マスタード焼き

作り方

❶サーモンは塩・こしょうをしておく。

❷パセリはみじん切りにし、パン粉と混ぜる。

❸オーブン皿にクッキングシートを敷いて①をのせ、たっぷりのサワークリームを全体に塗った後、その上からさらに粒マスタードを重ねるように塗る。

❹③の上にパセリと混ぜ合わせたパン粉を均一にのせ、最後に手のひらで少し押さえて形を整え、オリーブ油を全体にかける。

❺220℃のオーブンで約25～30分ほど焼く。

❻付け合わせのブロッコリーは、小房に分けて茹でる。赤・黄パプリカは、乱切りにして、マッシュルームと共にバターで炒め、塩・こしょうで味を調える。

❼皿にサーモンをのせ、付け合わせの野菜を添える。

豚肩ロース肉のコンソメ煮
マスタードソース添え

作り方

❶豚肩ロース肉はタコ糸で縛って形を整えた後コンソメを入れた熱湯に入れて、中火で約1時間程煮る。ブロッコリーは小房に分けてひとつまみの塩を入れた熱湯で茹で、プチトマトは縦半分に切っておく。

❷Aの材料を混ぜ合わせソースを作る。

❸豚肩ロース肉に火が通れば、そのまま煮汁の中で冷まし、取り出した後、②のソースを少量絡めておく。

❹器に薄切りにした豚肩ロース肉を並べ、一口大に切って茹でたブロッコリーと縦半分に切ったプチトマトを飾り、マスタードソースを添える。

材 料

豚肩ロース肉(ブロック) ・・・・・・・・・・・・1kg	＜Aマスタードソース＞
コンソメキューブ 2個	粒マスタード ・・大さじ4
タコ糸 ・・・・・・ 適量	ウスターソース・・大さじ2
ブロッコリー ・・1個	オイスターソース 大さじ2
プチトマト ・・10個	マヨネーズ・・・・・大さじ2
	しょうゆ・・・・・・・大さじ1

フルーツタルト

作り方

❶ボウルに卵と砂糖を入れて、しっかり泡立て、アーモンドパウダー、溶かしたバターを加えて混ぜ、タルト型に流し入れ180℃のオーブンで約30分焼く。

❷別のボウルにサワークリームと砂糖を混ぜ合わせ、①のアーモンドケーキの上に、中心を少し高くして塗る。

❸②の上に、一口大に切ったフルーツを彩りよく盛り、煮溶かしたつや寒天を塗り、ミントの葉で飾る。

材 料 タルト型1台分

卵 ・・・・・・・・・・・・ 2個	＜果物＞
砂糖 ・・・・・・・・・・ 50g	赤、白グレープフルーツ
アーモンドパウダー 90g	・・・・・・・・・・ 各1個
バター ・・・・・・・・・・50g	オレンジ、キウイ
サワークリーム ・・・・180g	・・・・・・・・・・ 各1個
砂糖 ・・・・・・・・・ 大さじ2	バナナ ・・・・・・・・ 1本
	チェリー ・・・・ 10個
＜つや寒天＞	ミントの葉
粉寒天 ・・・・・・・・・・・1g	
砂糖 ・・・・・・・・・・・50g	
水 ・・・・・・・・・・・200ml	

スップマンクア

（カニ身とアスパラガスのスープ）

ベトナム
Vietnam

材料 4人分

チキンスープ ･････････････････････ 600ml
カニ身（缶詰） ･･･････････････････ 1/2 缶
カニかまぼこ ･･････････････････････ 適量
アスパラガス（斜め薄切り）･････････ 2本
溶き卵 ･･･････････････････････････ 1 個
片栗粉 ･･･････････････････････ 大さじ 2
パクチー ･････････････････････････ 少々
青ねぎ（小口切り）･････････････････ 少々

<A 材料>
塩・こしょう ･････････････････････ 少々
砂糖 ･････････････････････････ 小さじ 1/2
ヌクマム（魚醬） ･･････････････ 小さじ 2
チリソース ･･････････････････ 小さじ 1

作り方

❶鍋にチキンスープを沸騰させてアスパラガス、カニ身を入れ、再度沸騰させたら A で味付けする。

❷片栗粉でとろみをつけ、溶き卵を流し入れる。

❸カニかまぼこをほぐして散らし、お好みでパクチーや青ねぎを散らす。

ダウフースープ
（豆腐スープ）

材料 4人分

鶏ガラスープ	4カップ
干しエビ（水につけておく）	大さじ2
豆腐	1丁
青菜	ふたつかみ
ナンプラー	小さじ2
オイスターソース	少々
塩・こしょう	少々

作り方

❶戻した干しエビを細かく刻む。

❷鍋に鶏ガラスープを入れ、沸騰したら①の干しエビを入れる

❸ナンプラー、オイスターソース、塩・こしょうで味付けして一口大に切った青菜を入れる。

❹豆腐を食べやすい大きさに切り、鍋に入れて完成。

クラムチャウダー

材料 4人分

アサリ	340g（缶詰でもOK）
玉ねぎ（みじん切り）	1/3個
にんじん（1cm角）	30g
ベーコン（みじん切り）	30g
じゃがいも（1cm角）	1個
薄力粉	小さじ2
バター	4g
水	170ml
牛乳	100ml
塩・こしょう	少々
粉ブイヨン	適量
パセリ	適量

作り方

❶水を沸かしアサリを入れて、口が開いたら殻から身を取り出す。ボイルした湯はキッチンペーパーで漉す。

❷鍋にサラダ油（分量外）を入れて玉ねぎ、にんじん、ベーコンを炒め、しんなりしたらバターと薄力粉を入れて1分程炒める。

❸②に①とじゃがいもを加え、柔らかくなるまで煮る。

❹③にアサリの身と牛乳を入れて、塩・こしょう、粉ブイヨンを入れて味を調える。

❺器に注ぎ、パセリをふって完成。

スペイン
Spain

ガスパチョ
（トマトの冷製スープ）

材 料 4人分

トマト（湯むきして種を取る）……… 大2個
玉ねぎ ………………………… 大さじ 1/2
赤パプリカ ……………………… 1/4 個
にんにく（すりおろす）……… 小さじ 1/2
トマトジュース ………………… 100g
ハチミツ ………………………… 小さじ 1
酢 ………………………………… 小さじ 1
塩 ………………………………… 3つまみ
＜飾り用＞
オリーブ油 ……………………… 少々
きゅうり（5mm角に切る）………… 1/2 本

作り方

❶全ての材料をミキサーに入れて1分間よく回す。

❷カップに注ぎ、きゅうり、オリーブ油をトッピングして完成。

材 料 4人分

かぼちゃ（皮をむいて1cm厚さに切る）‥ 200g
水 ………………………………… 200ml
生クリーム ……………………… 30ml
牛乳 ……………………………… 100ml
塩 ………………………………… 適量
砂糖 ……………………………… 適量
サラダ油 ………………………… 大さじ 1

フランス
France

かぼちゃのポタージュ

作り方

❶かぼちゃに軽く塩をふりサラダ油で炒める。

❷かぼちゃに少し火が通ったら水を入れ、フタをして火が通るまで煮る。

❸煮上がったかぼちゃの粗熱を取り、ミキサーで回して、ピューレ状にする。

❹③に牛乳、生クリームを合わせ、塩、砂糖で味を調える

Point
・かぼちゃの炒め具合はかぼちゃの角が丸くなり、甘い香りがしてくるまで。
・牛乳と生クリームは少しずつ、味を見ながら合わせていく。

ヴィシソワーズ

（冷製じゃがいものクリームスープ）

材　料 4人分

＜ベース＞
じゃがいも（メークイン）（皮をむいて一口大）120g
玉ねぎ（スライス）・・・・・・・・・・・・・・・・・・・ 40g
無塩バター ・・・・・・・・・・・・・・・・・・・・・・・ 20g
水・・・・・・・・・・・・・・・・・・・・・・・・・・・・ 300ml
塩・こしょう ・・・・・・・・・・・・・・・・・・・・・ 少々
＜仕上げ＞
牛乳・・・・・・・・・・・・・・・・・・・・・・・・・・ 100ml
生クリーム ・・・・・・・・・・・・・・・・・・・・・ 30ml
パセリ ・・・・・・・・・・・・・・・・・・・・・・・・ 少々

作り方

❶バターを鍋に入れて玉ねぎとじゃがいもを軽く炒める。

❷①に水300mlを入れ、フタをしてじゃがいもが柔らかくなるまで煮る。

❸②の粗熱を取り、ミキサーでピューレ状にする。

❹③を鍋に移して塩・こしょうで味を調え、牛乳、生クリームを入れて仕上げる。グツグツ煮込まない。

❺パセリ少々をトッピングして完成。

Memo
温めても冷やしても美味しい。

モロヘイヤスープ

材　料 4人分

モロヘイヤ・・・・・・・・・・・・・・・・・・・・・・ 150g
チキンスープ ・・・・・・・・・・・・・・・・・・・ 1カップ
サラダ油 ・・・・・・・・・・・・・・・・・・・・・ 大さじ2
にんにく（みじん切り）・・・・・・・・・・・・・ 4片
コリアンダーシード ・・・・・・・・・・・・・・ 大さじ1
水・・・・・・・・・・・・・・・・・・・・・・・・・ 1/2カップ
塩・こしょう ・・・・・・・・・・・・・・・・・・・・・ 少々

作り方

❶モロヘイヤの葉と水1/2カップをミキサーに入れペースト状にする。これを鍋に入れチキンスープを加えて混ぜる。

❷①を火にかけ、中火にして約5分、沸騰しないように気をつけて混ぜながら煮る。
（沸騰すると分離するので注意）

❸フライパンに油を入れ、にんにくを炒めて黄金色になり香りがでたら、コリアンダーシードを加えて炒める。

❹②を③のフライパンに入れて混ぜ合わせてできあがり
（加熱しない）

デザート編

ムラングココ

材　料 天板1枚分

卵白 ・・・・・・・・・・・・・・・・・・・・ 1個分
グラニュー糖 ・・・・・・・・・・・・・・・・ 40g
ココナッツファイン ・・・・・・・・・・・・・ 30g

作り方

❶ボウルに卵白を入れて真っ白になるまでハンド
ミキサーで泡立てる。真っ白になったらグラニ
ュー糖を3回に分けて加え、ハンドミキサーのはね
についたメレンゲの角が立つくらいまでしっかり
と泡立てる。

❷ココナッツファインを加え、ゴムベラでふんわ
りと混ぜる。直径1〜1.3cmくらいの丸口金をつ
けた絞り出し袋に生地をいれて、オーブンシート
を敷いた天板の上に一口サイズにこんもりと絞る。

❸120℃の予熱したオーブンで2時間焼き、完全
に冷めるまでオーブンの中に置いておく。
湿気やすいので、乾燥剤を多めに入れた容器で保
存する。

フランス
France

黒ゴマのクッキー

材　料 天板2枚分

無塩バター ・・・・・・・・・・・・・・・・・・・・・・・・・ 75g
黒砂糖 ・・・・・・・・・・・・・・・・・・・・・・・・・・・・ 25g
グラニュー糖 ・・・・・・・・・・・・・・・・・・・・・・・ 30g
卵 ・・・・・・・・・・・・・・・・・・・・・・・・・・・・・・・ 14g
薄力粉 ・・・・・・・・・・・・・・・・・・・・・・・・・・・ 100g
黒ゴマ ・・・・・・・・・・・・・・・・・・・・・・・・・ 大さじ2

作り方

❶バターを室温に戻しボウルに入れ、泡立て器でクリーム状
にする。黒砂糖、グラニュー糖を数回に分けて混ぜ合わす。

❷卵も加え混ぜる。薄力粉を一度にふるい入れ、黒ゴマも
加える。ゴムベラで生地を切るように混ぜ、粉気が見えな
くなったら、今度は生地をボウルにすりつけるようにしな
がら10〜15回ほど混ぜる。

❸生地を二等分してラップで包み、細長い棒状に形を整
える。冷凍庫で30分ほど冷やす。

❹生地を7mmくらいの幅にスライスし、好みで側面に
グラニュー糖をまぶす。160℃に予熱したオーブンで20
〜25分ほど焼く。

作って食べよう世界の料理
第139回ケーキとキッシュ編
講師 西田まり子氏

フランス
France

洋梨のタルト

材　料　18cmタルト型1台

<パートシュクレ＞
無塩バター ・・・・・・・・・・・・・・・・・・・・・	50g
粉砂糖 ・・・・・・・・・・・・・・・・・・・・・・・・	35g
卵 ・・・・・・・・・・・・・・・・・・・・・・・・・・・	20g
薄力粉 ・・・・・・・・・・・・・・・・・・・・・・・・	90g
アーモンドパウダー ・・・・・・・・・・・・・・	10g

ナパージュ、ピスタチオ

<クレームダマンド＞
無塩バター ・・・・・・・・・・・・・・・・・・・・・	55g
粉砂糖 ・・・・・・・・・・・・・・・・・・・・・・・・	55g
卵 ・・・・・・・・・・・・・・・・・・・・・・・・・・・	55g
アーモンドパウダー ・・・・・・・・・・・・・・	55g
ラム酒 ・・・・・・・・・・・・・・・・・ 小さじ1〜2	

洋ナシ缶　一缶

作り方

❶パートシュクレを作る。バターと卵を室温に戻しておく。ボウルに室温のバターを入れハンドミキサーでクリーム状にする。粉砂糖を3回に分けてふるい入れ、その都度ハンドミキサーで混ぜる。卵を2回に分けて加え混ぜる。

❷薄力粉とアーモンドパウダーを合わせて一度にふるい入れる。ゴムベラで粉気がなくなるまで切るように混ぜ、次は生地をボウルにすりつけるようにして数回混ぜる。

❸ラップを広げ、丸く形を整えた②をのせ、上にもう一枚ラップをのせる。その上から麺棒で直径23cm位の円形にのばし、冷蔵庫で20分ほど冷やす。その間に水気をふいた洋梨を薄くスライスしておく。

❹休ませたパートシュクレの上のラップを取り、その面を下にしてタルト型に敷きこむ。角の部分に生地を押し込むようにしながら成形して再びラップをして冷蔵庫で15分ほど休ませる。

❺オーブンを170℃に予熱する。④のラップを取り除き、底の部分にフォークで空気穴をあける。天板に型をおき、オーブンシートを敷きこんで重石（タルトストーン）をぎっしりとのせ、15分ほど焼く。重石を取り除いてさらに15分ほど焼く。

❻その間にクレームダマンドを作る。室温のバターをボウルに入れハンドミキサーでクリーム状にする。粉砂糖を3回に分けてふるい入れその都度混ぜる。室温の卵を少しずつ加え混ぜる。アーモンドパウダーを一度にふるい入れ、ゴムベラで均一にして、ラム酒も加え混ぜる。

❼空焼き後、粗熱が少しとれたパートシュクレにクレームダマンドを入れて平らにする。スライスした洋梨を並べて更に170℃で35〜40分焼く。

❽焼きあがったらナパージュを塗り、あらかじめ空焼きして刻んだピスタチオを飾る。

ガトーショコラ

材料 18cm丸型1台

スイートチョコレート	・・・・・・・・・・・・・・90g	生クリーム	・・・・・・・・・・・・・・・・・・・50g
無塩バター	・・・・・・・・・・・・・・・・・50g	卵白	・・・・・・・・・・・・・・・・・・・3個分
ココアパウダー	・・・・・・・・・・・・・・・20g	グラニュー糖	・・・・・・・・・・・・・・・・50g
卵黄	・・・・・・・・・・・・・・・・・・3個分	薄力粉	・・・・・・・・・・・・・・・・・・・20g
グラニュー糖	・・・・・・・・・・・・・・・・50g		

作り方

❶下準備として湯煎鍋を用意する。ボウルを三種類用意し、別に生クリーム用に小さなボウルも用意しておく。バターは室温に戻しておく。生クリームは湯煎にあてて人肌くらいにしておく。オーブンを160℃に予熱する。

❷一つ目のボウルに刻んだチョコレート、室温に戻したバター、ココアパウダーを入れて湯煎に当てながら全てが溶けて均一になるまで混ぜる。

❸二つ目のボウルに卵黄とグラニュー糖50gを入れて、湯煎に当てながら少し白っぽくなりマヨネーズのようになったら火からおろし、生クリームも加え混ぜる。

❹②のチョコレートのボウルに③を数回に分けて加え混ぜる。

❺三つ目のボウルに卵白を入れてハンドミキサーで真っ白になるまで泡立てる。真っ白になったらグラニュー糖50gを3回に分けて加え、メレンゲを作る。ハンドミキサーのはねについたメレンゲの先がおじぎするくらいの柔らかさになったらよい。

❻④のボウルにメレンゲを半分加えふんわりと混ぜる。薄力粉をふるい入れ、さっと混ぜたら残りのメレンゲを全て加えゴムベラでふんわりと混ぜる。

❼底のある18cmの型なら底と周りにオーブンシートを敷きこみ、生地を流す。セルクルの場合はオーブンシートを天板に敷いた上にセルクルをおき、生地を流す。160℃に予熱したオーブンで45分ほど焼く。冷めたら中央部がへこむが、配合的にそうなるので失敗ではない。
好みで粉砂糖をふり、ホイップした生クリームをカットしたケーキに添える。

ココアバニラ
クッキー

材料 天板2枚分

<パートサブレバニラ>

```
   ┌ 無塩バター ·················· 50g
   │ 粉砂糖 ···················· 30g
A  │ 卵黄 ·················· 1個分
   │ 薄力粉 ···················· 85g
   └ アーモンドパウダー ············· 15g
バニラビーンズ ················· 1/3本
```

<パートサブレココア>

Aと同様

ココアパウダー ················· 10g
グラニュー糖 ················· 適量

作り方

❶パートサブレバニラを作る。室温に戻したバターを
ボウルに入れ泡立て器でクリーム状にする。粉砂糖を
3回に分けふるい入れ、その都度よく混ぜる。卵黄、
バニラの種も加え混ぜる。バニラビーンズの代わりに
バニラオイルを数滴加えてもよい。

❷薄力粉、アーモンドパウダーを合わせて一度にふ
るい入れる。ゴムベラで切るように混ぜ全体がそぼろ
状になれば生地をボウルにすりつけるようにしながら
10〜15回ほどしっかりと混ぜる。

❸パートサブレココアも同様の手順で作る。ココア
は薄力粉と一緒に加える。二種類の生地をそれぞれ
ラップに包み、厚み0.8〜1cmくらいになるように麺
棒でのばす。冷凍庫で20〜30分ほど休ませる。

❹③の生地を棒状に切る。くっつける面に水を薄く塗
りながらバニラとココアの生地を格子状に組み合わせ
る。ラップにしっかりと包み再び冷凍庫で20分ほど
休ませる。

❺④を厚さ7mmくらいにカットして側面にグラニュー
糖をまぶしつける。オーブンシートを敷いた天板の上に
並べ160℃に予熱したオーブンで20〜25分ほど焼く。

フロランタン

材料
20×20cm四角
カットして20個

<サブレ>	<ヌガー>
無塩バター ····· 50g	無塩バター ····· 50g
グラニュー糖 ···· 30g	グラニュー糖 ···· 40g
卵黄 ········· 1個分	生クリーム ······ 40g
薄力粉 ········· 75g	蜂蜜 ·········· 35g
	アーモンドスライス··85g

作り方

❶20cm×20cm×高さ5cmの枠を厚紙で作りアルミホ
イルで覆う。内側全面にオーブンシートを敷きこむ。
幅20cm長さ20cm以上のビニール袋を用意する。
アーモンドスライスは130〜150℃のオーブンで色
がつかない程度に10分ほど空焼きしておく。

❷サブレを作る。室温に戻したバターをボウルに入
れてハンドミキサーでクリーム状にする。グラニュー
糖を数回に分けて加え混ぜる。

❸卵黄を加え混ぜ、薄力粉を一度にふるい入れる。
ゴムベラで切るように混ぜ、そぼろ状になったら生地
をボウルにすりつけるようにしながら混ぜてひとまと
めにする。ビニール袋に入れて20cm×20cmになるよ
うに上から麺棒でのばし、冷凍庫で冷やし固める。

❹③のサブレを①で用意した型に敷きこみ、フォーク
で空気穴をあける(ピケ)。170℃に予熱したオーブン
で11分ほど焼く。サブレの焼きあがりとヌガーがで
きるタイミングを合わせる為にサブレの焼き時間が残
り5〜6分になったらヌガーの材料を全て入れた鍋に
火をつける。白っぽくとろりとしてきたらアーモンド
スライスを加え混ぜ、水分を飛ばすように火にかける。
ここでは焦がさないよう火加減を注意する。

❺11分ほど焼いてほんのり焼き色がついたサブレの
上にヌガーを流し入れ均一に広げる。再びオーブンに
入れて14〜16分ほど焼く。

❻焼きあがったら天板にのせたまま冷まし、30分後
に20等分にカットする。

材 料 15個分

アーモンドプードル ・・・・・・・・・・・・・・・・・・ 75g
無塩バター ・・・・・・・・・・・・・・・・・・・・・・・・ 75g
粉砂糖 ・・・・・・・・・・・・・・・・・・・・・・・・・・・ 75g
薄力粉 ・・・・・・・・・・・・・・・・・・・・・・・・・・・ 75g
チョコレート ・・・・・・・・・・・・・・・・・・・・・ 適量

バーチ・ディ・ダーマ

（チョコレートサンドクッキー）

作り方

❶ボウルにペースト状にしたバターを入れ、アーモンドプードル、粉砂糖を入れ混ぜ合わせる。

❷薄力粉をふるいながら3回に分けて入れ、粉気が無くなるまで混ぜ合わせる。

❸生地を丸く球状にしてラップに包んで冷蔵庫で30分～1時間寝かす。

❹5g程度に指でちぎって丸く成型し、クッキングシートを敷いたオーブン皿の上にのせる。

❺180℃で10分焼く。焼きあがったら少し冷ましてから溶かしたチョコレートをつけて2枚をサンドして1個とする。

材 料 4人分（18 cm ×9 cm シフォンケーキ型）

シナモンパウダー ・・・・・・・・・・・・・・・・・・ 適量
＜A＞
コーンミール ・・・・・・・・・・・・・・・・・ 1/2 カップ
薄力粉 ・・・・・・・・・・・・・・・・・・・・・ 1/2 カップ
ベーキングパウダー ・・・・・・・・・・ 小さじ 1・1/2
塩 ・・・・・・・・・・・・・・・・・・・・・・・・ ひとつまみ
＜B＞
砂糖 ・・・・・・・・・・・・・・・・・・・・・・・・・・・ 80g
油（サラダ油） ・・・・・・・・・・・・・・・・・ 100ml
オレンジジュース ・・・・・・・・・・・・・・・ 100ml
卵 ・・・・・・・・・・・・・・・・・・・・・・・・・・・ 2個

コーンケーキ

作り方

❶オーブンを170℃に温めておく。

❷ケーキ型の内側に油を塗ってシナモンパウダーをたっぷりふりかける。

❸Aの材料をふるいにかけておく。

❹Bの材料をしっかり混ぜる。

❺④の中へ③を入れてよく混ぜる。

❻⑤をケーキ型に注ぎ入れてオーブンで30～35分焼く。

❼冷ましてケーキ型から取り出す。

フレニ
（牛乳の３色ゼリー）

イラン
Iran

作り方

❶鍋に牛乳を入れ、コーンスターチを少しずつ加えて混ぜ合わせる。

❷①に砂糖を加えて混ぜる。

❸②を弱火にかけ、とろみがついたらバターを加える。

❹③を３つのボールに等分に分ける。

❺④を次の通りA、B、Cを作る。
A 溶かしたチョコレートを入れて混ぜる。
B サフラン水を入れて混ぜる。
C そのまま。

❻グラスの1/3にCを入れて冷蔵庫で２分冷やし、その上にBを入れ、冷蔵庫で２分冷やし最後にAを入れて冷蔵庫で冷やす。

❼⑥の上に刻んだピスタチオやアーモンドを飾る。

材 料 4人分

牛乳 ･･････････････････････ 5 カップ
コーンスターチ ･･･････････････ 大さじ 7
砂糖 ･･････････････････････ 大さじ 5
バター ････････････････････････ 50g
サフラン水 ･････････････････ 大さじ 4
チョコレート ･････ 50g（細かく刻んで溶かす）
ピスタチオ　アーモンド ････････････ 適量

バクラバ
（ナッツパイ）

エジプト
Egypt

材 料 4人分

ピスタチオ（砕く）････････････ 1/2 カップ
砂糖 ･････････････････････ 1/4 カップ
シナモン ･･･････････････････ 小さじ 1/4
冷凍パイシート ･･････････････････ 1 枚
（または、23×17cm の冷凍ケーキ生地　150ｇ）
シロップ ･･･････････････････ 1/2 カップ

＜シロップの材料と作り方＞
砂糖 ･････ 1/2 カップ、　水 ････ 1/2 カップ
ハチミツ ････････････････････ 1/4 カップ
レモン汁･･小さじ1/2（または、スライスレモン 1枚）
これらをすべて鍋に入れ、10 分間煮て火から下ろし、バニラエッセンス数滴を加える。

作り方

❶砕いたピスタチオと砂糖、シナモンを混ぜておく。

❷焼き皿にパイシートの1/2を敷く。その上に①を散りばめ、残り 1/2 のパイシートを被せる。

❸②をナイフで、30 個にカットする。
これを180℃のオーブンで約45分焼き色が付くまで焼く。

❹作っておいたシロップをかける。

❺お好みで刻んだピスタチオを上から散らす。

材料

アボカド ‥‥‥ 2個　　レモン汁 小さじ4〜6
砂糖 ‥‥‥ 小さじ4　　ミントの葉 ‥‥ 適量

材料 4人分

おぼろ豆腐 ‥‥‥‥‥‥‥‥‥‥‥‥‥ 2個
タピオカ（一晩水に浸す）‥‥‥‥‥‥ 適量
黒蜜 ‥‥‥‥‥‥‥‥‥‥‥‥‥‥‥‥ 適量
黒砂糖 ‥‥‥‥‥‥‥‥‥‥‥‥‥‥ 150g
水 ‥‥‥‥‥‥‥‥‥‥‥‥‥‥‥‥ 150ml

マンゴープリン

材料 4人分

マンゴーピューレ 200g　　牛乳 ‥‥‥ 125g
グラニュー糖 ‥ 15g　　生クリーム‥‥‥ 25g
ゼラチン ‥‥‥ 3g　　ミントの葉 お好みで
レモン汁 ‥‥‥ 5g

アボカドのデザート

ブラジル
Brazil

作り方

❶アボカドを半分に切って種を取り出す。

❷窪みに砂糖とレモン汁を入れて、飾りにミントの葉を添える。

❸果肉と混ぜながらいただく。

Memo
冷やすと美味しい。

タホ
（豆腐の黒蜜がけ）

フィリピン
Philippines

作り方

❶黒蜜、黒砂糖、水を鍋に入れて中火で15〜20分煮て冷ましておく。

❷鍋に水とタピオカを入れて沸騰させる。沸騰して4〜5分茹でて水にとる。

❸器に豆腐を盛り、タピオカと①をかけて完成。

作り方

❶ゼラチンをたっぷりの氷水で戻す。

❷マンゴーピューレ、グラニュー糖を湯煎で温めて①を入れる。

❸②の粗熱がとれたら、レモン汁を入れる。

❹③と牛乳、生クリームを合わせ、器に入れて冷やし固める。好みでミントの葉を飾る。

材 料 5個分

餅 ………………………………	5個
ベーコン ………………………	1/2枚
セロリ …………………………	1/4本
かつお節 ………………………	少々
しょうゆ ………………………	少々
キムチ …………………………	少量
ゆであずき ……………………	小さじ1
スライスチーズ ………………	1枚
ハチミツ ………………………	小さじ1
韓国のり ………………………	5枚

材 料 4人分

里いも（さつまいもでもOK）…………	4個
もち米（ひと晩水につける）……	1/2カップ
砂糖 ……………………………	大さじ3
ココナッツミルク ………………	200㎖
塩 ………………………………	少々
片栗粉 …………………………	小さじ1

＜トッピング＞
フルーツみつ豆 ………………	1缶
ピーナッツ ……………………	お好みで

焼餅5種

韓国
Korea

作り方

❶ベーコンは油を使わずに、フライパンで中火でカリカリに焼く。

❷セロリは茎と葉を刻んで炒めてしょうゆで味付けし、かつお節をまぶす。

❸キムチは汁を切っておく。

❹ゆであずきは汁を切っておく。

❺餅は半分の厚さに切り、油を使わずにフライパンで柔らかくなるまで焼く。

❻焼き上がった餅にトッピングして完成。

＜トッピングの組み合わせ＞
韓国のりは、のせたり巻いたりお好みで。
・チーズとハチミツ・キムチ・ゆであずき・ハチミツ
・ベーコンとセロリ

ベトナム
Vietnam

チェー
（里いもの甘がゆ）

作り方

❶里いもは1/2に切り蒸しておく。

❷もち米と水1/2カップを炊飯器のもち米モードで炊く。

❸シロップを作る。
鍋にココナッツミルク、砂糖、塩、①を入れ、沸騰したら片栗粉でとろみをつける。

❹器に②のもち米を入れ、③のシロップをかける。

❺④にフルーツみつ豆を入れ、砕いたピーナッツを真ん中にトッピングする。

Hello! from イラン

NASIM ABBASI さん

イラン出身
ACA で
日本語学習中
2020 年 9 月来日

　イランでは 15 年間瞑想とヨガの教師をしていました。ペルシャ料理と瞑想を教えるために日本語を学んでいます。

家庭でよく作るペルシャ料理の紹介

　ペルシャ料理は、一つの料理にすべての栄養素を含むように考えられているので、手が込んでいます。

　イランと日本の文化には、親や高齢者の尊重、家を綺麗に掃除する、家の中で靴を履かないなど、多くの類似点があります。

12 歳のお嬢さんのバースディケーキ

公用語　ペルシャ語
人口　約8,400万人

にんじんのハルヴァ

　にんじんを蒸して柔らかくしてピューレにします。砂糖が溶けるまで火にかけ、薔薇水を加え沸騰させ、冷えるまでしばらく待ちます。米粉に油を少しずつ加え、米粉が油を吸収するまで加熱しながら絶えずかき混ぜます。すぐに冷やしたシロップとにんじんのピューレを加え、材料が完全にくっつくまで穏やかな熱で絶えずかき混ぜます。スライスしたピスタチオとアーモンドを飾ります。

Halva（ハルヴァ）

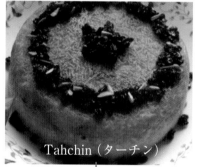

Tahchin（ターチン）

ターチン

　鶏肉を茹でて調理して細かく切ります。ご飯を炊き、卵、ヨーグルト、サフラン、塩、油、鶏肉を加え混ぜ合わせ 30 分加熱します。

　Zereshk（ゼレシュク）とピスタチオを飾ります。ゼレシュクは、日本にはない小さくて酸っぱいベリーですが、東京の輸入食料品店から取り寄せます。

Welcome to ACA

ようこそ ACA へ

世界との繋がり、そして
多文化共生を目指しています。

ACA の活動をご紹介します。

ASHIYA
COSMOPOLITAN
ASSOCIATION

認定 NPO 法人 芦屋市国際交流協会

国際事業委員会

国際文化住宅都市芦屋の姉妹都市交流事業を行っています。

国際事業委員長　番留　均

　1961年に米国カリフォルニア州モンテベロ市（以下モ市）と結ばれた姉妹都市提携はアメリカ合衆国のアイゼンハワー元大統領が提唱された"People to People"を理念として市民の交流を通じて友好と親善を深めることを目指したものです。両市に市民主体の姉妹都市協会が設立され、1964年には学生親善使節（Student Ambassador 以下 SA）交換事業が始まりました。SA事業は阪神淡路大震災、コロナ禍を除き途切れることなく続いており、2019年で55回目となりました。多くの芦屋市とモ市の学生が世界に目を向ける素晴らしい事業に発展しています。

　1993年からは芦屋市国際交流協会（Ashiya Cosmopolitan Association 以下 ACA）が姉妹都市事業を担い、毎年行うSA事業と5年に一度、両市の市民訪問団の交流を行っています。また、教師や看護師の訪問交流等も行われています。

市民訪問団の交流

　5年毎に両市の市民訪問団の交流を行っています。春に芦屋市からモ市へ、秋にはモ市から芦屋市へ市民訪問団が相互に訪問をします。モ市では牧場やワイナリーに招かれ、アメリカ式の歓迎パーティーに参加し、通常の旅行では体験できないような行事を通してアメリカ文化を学びます。これらの交流を通し多くの友情が育まれています。この友情は他市も羨む実のある姉妹都市交流につながっています。

姉妹提携55周年記念式典　in 芦屋

アシヤパークにて in モンテベロ

本場アメリカで野球観戦

芦屋だんじり見学

モンテベロ SA の芦屋市ステイ

　SA 事業は芦屋市国際交流協会の総力を集結して行われる夏休みのプログラムです。モ市SA 2名は芦屋市に3週間滞在し、ホストファミリー宅に 1 週間ずつホームステイをします。滞在中は市長表敬訪問等、公式行事に加え日本文化を学ぶ「書道」「華道」「茶道」「能」の体験や小・中・高等学校を訪問し日本の若者たちと交流をします。神戸・大阪・京都・奈良に加え、平和教育の目的で広島も訪問します。

　これらの行事には、国際交流に関心のある芦屋市の学生たちも参加しSAとの友情を深めます。モ市SAは滞在中多くの市民と交流します。

芦屋市内小学校訪問

芦屋市長表敬訪問

ドラゴンボートレースに参加

芦屋 SA のモンテベロ市ステイ

　芦屋市からも毎年 2 名の SA がモ市に 3 週間派遣され、ホストファミリー宅に 1 週間ずつホームステイをします。日本では経験できないオープンカーに乗っての二世パレードや、大リーグ観戦など楽しいプログラムに加え、大戦中の日系人の歴史を知るため「全米日系人博物館」の訪問、UCLA 大学視察など貴重な体験をします。

　日本とは異なる環境の中で経験を積むことで視野が広がり、国際的な活躍の場を目指す元 SA も多く、SA 事業が国際感覚の育成に寄与できていることは嬉しいことです。

モンテベロ市長表敬訪問

ロサンゼルス二世パレード

ホストファミリー宅でのプールパーティー

姉妹都市モンテベロからのとっておきレシピ

Guacamole（ワカモレ）レシピ

Ingredients:

2 large Hass avocados

(Hass are the ones with the dark green skin)

1 small tomato

1 green onion

½ cup of chopped cilantro
（香草の一種）

Juice of half a lemon

Salt and pepper to taste

Chopped jalapeño if desired
（メキシコ唐辛子）

Adriana Perales　and
Emma　Delgado（右）
（モ市姉妹都市協会会長）

How to cook:

Chop all the vegetables and mash the avocado in.

Add lemon juice, salt and pepper.　That's all there is to it!　Enjoy with tortilla chips!

モンテベロからの学生に聞きました

2017 年度モンテベロ SA
Alicia Amamoto

Q:　What is the most memorable dish in Japan while you were in Ashiya?

A:　The most memorable dish I had while in Ashiya was Shiso juice made by my host mom.

Q:　What Japanese dish would you like to eat again?

A:　I would love to eat Akashiyaki again.

Q:　Why?

A:　Before going to Japan I had only eaten Takoyaki, so Akashiyaki was very interesting to me. I also love eating eggs, so Akashiyaki was delicious.

元SA報告　アメリカ　バークレーのブランチ

　バークレーでの学校生活は多忙の一言につきますが、そんな中でも最近の私の楽しみは、週末に友達とブランチに行くことです。特に学校の周りの人気カフェは、学生たちや近所の人で人だかりができ、予約をするのも一苦労。

　学期中にいろいろなカフェを試してみたのですが、中でも私のお気に入りメニューはパンケーキとエッグベネディクト！　サイドにはカリッカリに揚げたベーコンとスクランブルエッグ、または味付けされたポテトとバターで和えたほうれん草があり、メインとの組み合わせも絶妙です。

2017年度SA　山隈恵里子

週末のブランチ、
カクテル
「ミモザ」と共に

お気に入り
パンケーキに
カリカリの
ベーコンを添えて

　左上の写真はサンフランシスコで 2017 年の SA であるリリー・ペラレスさんと食べにいったブランチの写真で、その時に "ミモザ"（Mimosa）というシャンパンとオレンジジュースのカクテルを教えてもらい、初めてトライしてみました。

　週末にこのようにブランチと一緒にアウトドアで飲むのがオススメなのだとか。勉強も仕事もハードなカリフォルニアですが、いっぱいの太陽と美味しいブランチで、また新しい週へやる気をチャージしています！

エッグベネディクトにポテト＆
濃厚バター風味のほうれん草を添えて

　ロンドンでの日曜日の過ごし方といえば、サンデーローストを食べに行ったり、アフターヌーンティーを楽しむ事が有名です。サンデーローストとは日曜日にだけ食べることができるイギリス伝統料理のひとつで、お肉もビーフ、ラム、ポーク、チキンなど、いろいろな種類から選ぶことができます。

2019年度SA　玉田紗和

サンデーロースト

アフタヌーンティー

　魅力の1つとしては、まずそのサイズです。ローストしたお肉はとにかく大きく、その他にヨークシャー・プディング、ポテト、野菜などの付け合わせもまたボリューミーな為、学生にも人気のメニューです。

　ロンドンでは土日になるとフードマーケットやフラワーマーケットがいろいろな場所で開催されます。フードマーケットは様々な国の料理を安く楽しむことができますし、フラワーマーケットでは、お花屋さんで購入するよりも随分安く、生花や料理用のハーブを手に入れることができます。ロンドンは物価が高いので、このようなマーケットを上手く利用して、学生の私は節約を心掛けています。

フラワーマーケット

元SA報告　アメリカの学生食事事情

2018年度SA　八木新之助

僕は今アメリカのスタンフォード大学で都市学を学んでいます。

約33㎢の広大なキャンパス（東京ドーム700個分くらいだそうですが、なかなか伝わりづらいですよね）に世界各国から集まった学生たちがほぼ全員寮で生活しており、食事は大学内の食堂で済ますことが多いです。メインの食堂は8つあり、各々「メキシカン」「地中海料理」「インド料理」などのテーマがあり、バラエティ豊かな食事が楽しめます。僕の寮の最寄りの Wilbur Dining ではアジア料理が提供され、昼食にはフォーや中華風手羽元など、日本人にとって馴染みのあるものが食べられるので助かっています。日によっては白身魚のフライを使ったタコスやオリジナルのフィラデルフィアチーズステーキなど、Stanford Dining の創作料理がスペシャルとして振る舞われ、長い列を作ることもあります。

一度だけ食堂で出た白身魚のフライのタコス。すごくおいしい。

学食スペシャルのフィラデルフィアチーズステーキ。これが出る日は大当たり！

　一週間の勉強から解放された金曜の夜や週末にはシリコンバレーの中心地でもある隣町 Palo Alto のダウンタウンに繰り出します。小さな街ながら世界中の IT 関係者が集まるという土地柄もあり、和洋中エスニック料理を一通り味わうことができ、中でも日本食、特にラーメンは現地の人にも大人気で、しかもなかなか本格的なのですが、学生には少々お高いのが唯一残念なところです。

ダウンタウンにある寿司とブリトーの融合
「スシリト」

外国人支援委員会

芦屋市の多文化共生をめざして活動しています。

外国人支援委員長　植田 多江子

日本語教室

日本語教室は阪神淡路大震災の後、1995 年 11 月に始まりました。月曜日から土曜日まで潮芦屋交流センターを中心に、日本語教室を開催しています。JR 芦屋駅近くのラ・モール芦屋にも教室があります。教室では、日本語を母語としない人へ、日本語ボランティアがマンツーマンで教えています。学習者の皆さんは、会社員や学生、主婦の方などさまざまです。

土曜日には小学生を対象としたこども教室もあります。世界中の国の方が、週に 1 回のペースで日本語を学びに来ています。

日本語ボランティア養成講座

日本語教室開講をめざし、1994 年に第 1 回養成講座を開催しました。以来 2021 年までに 10 回の養成講座を開催しています。外部の専門の先生の指導を受けて、日本語を客観的に見直し、自信を持って学習者に日本語を教えられるようにしています。

ブラッシュアップ講座、やさしい日本語勉強会

ボランティアは、日本語を教えることは難しい、楽しい、面白いと感じながら、講師としてレベルアップに努めています。普段から抱えている疑問点や不安に思うことなどを解決すべく、勉強会や外部講師を招いてのブラッシュアップ講座を行っています。最近は特に、やさしい日本語にも力を入れ、講座や勉強会を行っています。

外国人のための文化教室

日本の文化を知ってもらうために、華道（草月流・未生流）、茶道（裏千家）、書道の各教室を外国人対象に開講しています。季節の花、初釜や炉開き、書初めなど、日本の風習を知り、季節感を味わうことを楽しんでもらっています。

防災教室

　阪神淡路大震災では、母語で情報を得ることのできなかった多くの外国人も「災害弱者」となりました。外国人市民の防災意識を高めるイベントを毎年開催し、シェイクアウト訓練や避難場所の確認などを行っています。また、日本語教室の時間内に避難訓練を行うこともあります。

　2021 年には日本語教室の学習者とボランティアで「人と防災未来センター」を訪問し、日本の災害や防災について学習しました。

　さらに「災害時の外国人支援」として、日本人や日本語上級者を対象に、災害時に外国人が直面する課題や情報提供の方法などを学ぶ講座を行っています。

シェイクアウト訓練の様子

夏の文化祭

文化祭、バス旅行

　日本語学習者に「七夕」や「ひなまつり」などの日本の文化に親しんでもらう「文化祭」を行っています。

　2022 年度夏には、久しぶりに七夕を飾りました。日本語スピーチで日頃の勉強の成果を確かめることができた一日でした。

　日本語教室では、1 年に 1 度、貸切バスで日帰り旅行を行っています。これまでに奈良、京都、淡路島などの観光地を訪れた他、温泉、乗馬、陶芸、野菜の収穫など、様々な体験をしました。

　日本語ボランティアと学習者、また学習者同士、ボランティア同士が仲良くなる機会にもなっています。

2019 年度バス旅行（奈良 法隆寺前にて）

THE COSMONET （コスモネット）

　"THE COSMONET" は「広報あしや」から記事を選び英訳して芦屋市内外の在住外国人の方に役立つ情報としてお伝えしようと1997年7月に始めた手作りの月刊英語情報誌です。

　英訳する記事は市民の生活上の一般情報（市政、健康福祉、教育や子育て他）や音楽会・美術展・映画・各種教室等のイベント案内など幅広いジャンルにわたります。

　25年にわたる活動が評価され、兵庫県国際交流団体連絡協議会の「草の根国際功労賞」を、グループを代表して村井さんと杉山さんが受賞しました。

COSMOJOURNAL （コスモジャーナル）

　　　　　　　コスモジャーナルを紹介します。

2019年10月に第1号を発行し、以降2カ月に1回発行している情報紙です。

　広報あしやの2カ月分の内容から、芦屋で暮らす外国人の方に必要な情報を選び、ボランティアがやさしい日本語とやさしい英語にしています。紙媒体では、潮芦屋交流センターや市役所やラポルテ市民サービスコーナーなどに置いています。インターネットでも配信しています。

　やさしい日本語は、日本語の文体を簡単にし、漢字にすべてフリガナをふるなどして、日本語の初歩を学んだ外国人の方たちが理解しやすいようにした日本語です。阪神淡路大震災後、その大切さが認識されました。NHKのNEWS WEB EASYなど各方面で使われています。

　これからの芦屋市にとって役立つ情報紙に成長するように、工夫を重ねていきたいと思います。

国内事業委員会

芦屋市民の国際化に寄与する多くの事業を行っています。

国内事業委員長　田中　隆子

　食や音楽、文学を通して異文化に親しみ、知る・学ぶ・考えることを世代や国境を越えて共有し、芦屋から世界へ繋いでいく活動を目指しています。

ACA 語学教室

　外国語教室の歴史は古く、学生親善使節交換事業の開始 5 年後の 1969 年に婦人英語教室として 2 クラスでスタートし、やがて姉妹都市協会を支える事業に育ちました。現在は日本人講師による英語、英会話、児童英語、童話朗読、English Reading Salon クラスの他、外国人講師による英会話、スペイン語など 16 クラスあり、潮芦屋交流センターやラ・モール教室を中心に活動を展開しています。受講生、会員、市民、外国人市民が英語で集うカジュアルなポットラックパーティーを数年に一度、コスモポリタンナイトとして開催しています。ネイティブの先生方の司会進行によるグループトークやゲームを楽しみながら親交を深めます。

　2012 年に小学校で外国語授業が必須化されたことを受けて、姉妹都市であるモンテベロ市からベテランの元教師を招聘して市内の小学校で英語指導や交流を実施しました。

スペイン語クラス

日本人講師

モンテベロ市元教師招聘事業

コスモポリタンナイト

外国人講師

多文化共生プログラム

　各国の大使や総領事をお招きしての講演には、毎回多くの市民が参加されます。その国の言葉、伝統文化、食文化に直接触れることができ、楽しいイベントを通して温かい交流が生まれています。これまで、ロシア、ヨルダン、ラトビア、インドネシア、タイ、ドイツの日を開催し、多文化理解、多文化共生につなげています。多くの国と繋がりをもち、その文化を市民の皆様に提供しています。

ラトビアの日

タイ王国の日

インドネシアの日

ワールドフェスタ

　世界の料理と音楽、ダンス等をコラボレーションし、多くの市民に楽しんで頂こうと ACA を挙げて 2013 年から年に一度開催しています。2016 年からは兵庫県主催「潮芦屋オータムフェスタ」の一環として開催しています。

　音楽、ダンス等のパフォーマンスは、地元で活躍している人達の中から希望者を募り、幼い子どもから高齢者まで年齢を問わずに出演して頂いています。また、テーブルを囲んで世界各国の手料理を食しながらステージを楽しむ、まさに世界の料理と音楽の祭典です。

潮芦屋セミナー

　第 1 回のセミナーは、1994 年のティータイムセミナーでした。その後、ＡＣＡセミナー、潮芦屋セミナーと名前を変え、年に数回のセミナーを開催しています。

　講師には、海外経験豊かな文化人、大学教授、医療の専門家、落語の師匠など幅広い分野の方をお迎えし、「カズオ・イシグロの世界」などのイギリス文学、「ゲーテとともに今を生きる」などのドイツ文学、「脳の話」「ミャンマーの今を考える」などのテーマでお話していただきました。これからも国際というキーワードで、様々な分野のセミナーを開催していきたいと思います。

楽天グループ会長　三木谷 浩史氏

大阪大学名誉教授 玉井 暲氏

関西ろうさい病院名誉院長 奥 謙氏

潮芦屋コンサート

　芦屋市を音楽の溢れる町にしたいとの思いで、1997 年にスタートしました。年に数回開催し、参加者に音楽を楽しんでいただいています。

　また、過去には国際コンクールで世界一に輝いたクァルテット・エクセルシオの弦楽四重奏を読売テレビの後援を受けて二度の開催をしました。また、大阪音楽大学名誉教授、北山隆氏のリコーダー演奏、ユニークなストロー奏者神谷徹氏、27 人編成による多種類のリコーダー演奏、そして芦屋市民文化賞受賞に輝くアルカディア音楽芸術財団の演奏など、多彩な音楽家を招いて芸術の普及に努めています。

ピアノとハープ

ハワイアンの夕べ

弦楽アンサンブル

作って食べよう世界の料理

　世界の料理を通じて異文化を知ることを目的に、1997年のイラン編を皮切りに25年間で60か国180講座を開催しました。

　潮芦屋交流センターの調理室を使って、毎月、世界の様々な国の料理を作り、講師の出身国の文化や習慣を聞きながら試食し、食文化を通して世界に親しむことを楽しんでいます。

俳句教室

　俳句、ＨＡＩＫＵは僅か17音という世界最短の詩です。凝縮された言葉のセンスと感性が必要な奥深いものでもあります。高浜虚子から始まる最古の俳句グループ「ホトトギス」の名誉主宰であった稲畑汀子先生は芦屋にお住まいでした。市内には汀子先生の3つの句碑や虚子記念文学館があり、伝統俳句の中心地のひとつです。ＡＣＡ句会ではホトトギスの伝統に立つ俳句の勉強をしています。

芦屋さくらまつりバザー

　芦屋市国際交流協会と市民との接点として、またPRの場として芦屋市のさくらまつりに長年積極的に参加しています。

　フリマでは会員が家庭から持ち寄った品物を並べ、沢山の皆様に楽しんで頂くと同時に芦屋市国際交流協会の活動資金として活用しています。

あとがき

「作って食べよう世界の料理」に携わって

「作って食べよう世界の料理」として当協会で世界の料理教室を始めたのは 25 年前のことでした。いつの間にか 180 回の教室を開催し、60 か国の料理を教えていただきました。

スタート当初は、教えて下さる外国の方を探すのが大変でしたが、各国領事館のご夫人方、日本に留学中の大学院生の方、そして当協会の日本語教室の学習者さん、と自薦他薦は問わず教えて下さる方が増えてまいりました。試食タイムでは自国の食文化をはじめ、お国柄なども話して頂き、参加された方々に大変喜ばれております。参加希望の方が年々増加し、市民の皆様の要望で 10 年前からは月に一度（1 月と 8 月除く）開催しております。

いろいろな思い出もあります。講師のイタリア人男性、食材を炒めながら突然大声でカンツォーネを歌いだされ、参加者一同その美声にうっとり、手を休めて拍手喝采したこともありました。ドイツ料理の講師ご夫婦は、大きな重い腸詰の機械を京都から運び入れ、参加者全員に豚のひき肉を使った腸詰づくりをさせて下さいました。貴重な体験に参加者の皆さんは大変喜んで下さいました。

この事業が 25 年目を迎えるにあたり、これまで作った 60 か国の料理の中から 40 か国のレシピを厳選し、講師の方々並びにこの教室を運営している 8 名のボランティアがすべての料理を再現して写真に収めました。

読者の皆様が「このお料理は是非作ってみたい」と思って下さるレシピがひとつでもあることを祈っています。また、味覚を通して異国の食文化を楽しんでいただければ大変嬉しく思います。

最後に本企画に携わられたすべての関係者の皆様に心より感謝申し上げます。

認定 NPO 法人芦屋市国際交流協会
元会長　橋谷　靜子
（作って食べよう世界の料理　ファウンダー）

60周年誌委員会	戸田敬二	田中明	笠木貴美子	橋谷静子
	植田多江子	高橋洋一	田中隆子	番留均
	宮内裕通			

レシピ本編集委員会	委員長	笠木貴美子		
	副委員長	由良京子		
	編集委員	稲鍵亜早子	岡﨑朋枝	奥田瑞枝
		佐治昭子	関桂子	妹尾佳世子
		玉田可奈子	花嶋ゆかり	八木ひとみ
		山隈千代子		

コース料理協力	パーティー・正月料理	日下部管子	日下部クッキングサロン主宰
	タイ料理	タッサニー村木	タッサニータイカルチャーセンター主宰
	イタリア料理	田中学	アクアチプレッソ　オーナーシェフ
	フランス菓子	西田まり子	菓子教室主宰
	フランス料理	濵田孝一	クッキングサロン　アッシュ主宰
	中国料理	李冬月	料理教室主宰

料理協力	インド料理	トラバリー・アイニ	
	エジプト料理	カリール・ハッサン	アラビア料理講師
	イラン料理	ナシム・アバシ	
	モロッコ料理	正木カデ	

料理製作	尾崎尚子	北山靖子	鳥居祐岐子	中尾季代
	橋谷静子	廣野夫光子	藪田惠津子	由良京子

事務局	事務局長	青木和子		
		大石牧子	佐藤優子	西田由希子
		山岸千香子		

料理製作メンバー

POINT

作って食べよう世界の料理　*WORLD CUISINE FROM ASHIYA*

2023年3月7日　初版第1刷発行

著　者　認定NPO法人 芦屋市国際交流協会
発行人　大杉　剛
発行所　株式会社 風詠社
　　　　〒553-0001　大阪市福島区海老江5-2-2
　　　　　　　　　　大拓ビル5 - 7階
　　　　TEL06（6136）8657　http://fueisha.com/
発売元　株式会社 星雲社
　　　　　　　　（共同出版社・流通責任出版社）
　　　　〒112-0005　東京都文京区水道1-3-30
　　　　TEL 03（3868）3275
印刷・製本　株式会社 大阪国文社
　　　　〒559-0012　大阪市住之江区東加賀屋4-2-29
　　　　TEL 06（6685）5771
料理撮影　有本ヒデヲ　有本友美　有本羅人（Studio T-BONE）
e-mail arimoto@tbone.jp　https://www.tbone.photography
©Ashiya Cosmopolitan Association 2023, Printed in Japan.
ISBN978-4-434-31699-9 C0077